D1995868

WAGENBACHS TASCHENBÜCHEREI

1848–1849:
Bürgerkrieg in Baden

Chronik einer verlorenen Revolution

Zusammengestellt von
Wolfgang Dreßen

Verlag Klaus Wagenbach Berlin

Bitte verlangen Sie unseren kostenlosen Verlagsalmanach: ZWIEBEL

Wagenbachs Taschenbücherei 3
© 1975 Verlag Klaus Wagenbach, Berlin 31, Jenaer Straße 6
Satz: Georg Appl, Wemding
Druck: aprinta, Wemding
Bindung: Hans Klotz, Augsburg
Ausstattung: Bernd Zimmer
Alle Rechte vorbehalten. Printed in Germany.
ISBN 3 8031 2003 9

Inhalt

Vorher

In Baden, wie überhaupt in Süddeutschland, gibt es fast gar keine große Bourgeoisie. Die Industrie und der Handel des Landes sind unbedeutend. Es gibt daher auch nur ein sehr wenig zahlreiches, sehr zersplittertes, wenig entwickeltes Proletariat. Die Masse der Bevölkerung teilt sich in Bauern (die Mehrzahl), Kleinbürger und Handwerksgesellen. Die letzteren, die städtischen Arbeiter, in kleinen Städten zerstreut, ohne irgendein größeres Zentrum, in dem sich eine selbständige Arbeiterpartei ausbilden könnte, stehen oder standen wenigstens bisher unter dem vorwiegenden gesellschaftlichen und politischen Einfluß der Kleinbürger. Die Bauern, noch mehr über die Oberfläche des Landes zerstreut, ohne Bildungsmittel, haben mit den Kleinbürgern ohnehin teils zusammenfallende, teils sozusagen parallellaufende Interessen und standen daher ebenfalls unter ihrer politischen Vormundschaft. Die Kleinbürger, vertreten durch Advokaten, Ärzte, Schulmeister, einzelne Kaufleute und Buchhändler, beherrschten also teils direkt, teils durch ihre Vertreter die ganze politische Bewegung in Baden seit dem März 1848.

Dieser Abwesenheit des Gegensatzes von Bourgeoisie und Proletariat und dem daraus hervorgehenden politischen Übergewicht der Kleinbürgerschaft ist es zuzuschreiben, daß eine sozialistische Agitation in Baden eigentlich nie existiert hat. Die sozialistischen Elemente, die von außen hineinkamen, sei es durch Arbeiter, die in entwickelteren Ländern gewesen waren, sei es durch den Einfluß der französischen oder deutschen sozialistischen und kommunistischen Literatur, konnten sich nie Bahn brechen. Das rote Band und die rote Fahne bedeuteten in Baden nichts andres als die bürgerliche Republik, wenn es hoch kam, mit etwas Terrorismus versetzt, und die von Herrn Struve entdeckten »sechs Geißeln der Menschheit«, so bürgerlich unschuldig sie sind, waren das Äußerste, das bei der Masse noch Anklang finden konnte. Das höchste Ideal des badischen Kleinbürgers und Bauern blieb immer die kleine bürgerlich-bäuerliche Republik, wie sie in der Schweiz seit 1830 besteht. Ein kleines Tätigkeitsfeld für kleine, bescheidene Leute, der Staat eine etwas vergrößerte Gemeinde, ein »Kanton«; eine kleine, stabile, auf Handarbeit gestützte Industrie, die einen ebenso stabilen und schläfrigen Gesellschaftszustand bedingt; wenig Reichtum, we-

nig Armut, lauter Mittelstand und Mittelmäßigkeit; kein Fürst, keine Zivilliste, keine stehende Armee, fast keine Steuern; keine aktive Beteiligung an der Geschichte, keine auswärtige Politik, lauter inländischer kleiner Lokalklatsch und kleine Zänkereien en famille; keine große Industrie, keine Eisenbahnen, kein Welthandel, keine sozialen Kollisionen zwischen Millionären und Proletariern, sondern ein stilles, gemütliches Leben in aller Gottseligkeit und Ehrbarkeit, in der kleinen, geschichtslosen Bescheidenheit zufriedener Seelen – das ist das sanfte Arkadien, das im größten Teile der Schweiz existiert und für dessen Einführung der badische Kleinbürger und Bauer seit Jahren geschwärmt hat.
aus: Friedrich Engels, Die deutsche Reichsverfassungskampagne

Unglücklicherweise traten in dem fünften Jahrzehnt des neunzehnten Jahrhunderts sehr viele Mißernten ein, welche die bereits mißmutigen Bauern mit ihrem Lose noch unzufriedener machten. Im Sommer des Jahres 1842 herrschte im ganzen Bauland große Trockenheit, die einen allgemeinen Futtermangel und eine sehr mittelmäßige Getreideernte zur Folge hatte. Während der Erntezeit des Jahres 1845 kam ein sehr lang anhaltender Regen, infolge dessen das Getreide sehr minderwertig und die ganze Kartoffelernte durch eintretende Fäule wertlos wurde. Der Winter wurde dann äußerst streng, und durch die große Kälte litt die Winterfrucht und die Kleesaat solchen Schaden, daß im folgenden Frühjahr fast alles umgeackert und Sommerfrucht gesät werden mußte. Bald aber sah man sich wieder in der Hoffnung auf eine reiche Sommerfrucht getäuscht. Denn schon im Frühsommer trat eine lang andauernde Trockenheit ein, welche beinahe die ganze Ernte vernichtete.
So kam es, daß selbst ganz bemittelte Bauern ihre Brotfrucht kaufen mußten, von den weniger begüterten und armen gar nicht zu reden. Das Getreide stieg rasch im Preis, und als sich der Bauer im Herbst dieses Jahres und im Frühjahr 1847 die Saatfrucht kaufte, mußte er beispielsweise für das Malter (= 1,5 hl) Spelz 13 Gulden (= 22 Mark) bezahlen. Ein solcher Preis war für die damalige Zeit ungemein hoch. Die Kartoffeln, das Hauptnahrungsmittel des Bauernstandes, waren ebenfalls schlecht geraten; das Simri (etwa 20 Liter) kostete einen Gulden, während der Laib Brot (= 6 Pfund) mit 50 Kreuzern (= 1,43 Mark) bezahlt

werden mußte. Infolge des Futtermangels waren die Bauern gezwungen, einen Teil ihres Viehstandes aufzugeben; aber dadurch sanken plötzlich die Vieh- und Fleischpreise, und die Landleute mußten froh sein, wenn sie wenigstens noch ein paar Gulden daraus erlösten: Das Pfund Rindfleisch wurde im Sommer 1847 im Dorfe Schwabhausen zu drei Kreuzer (= neun Pfennig) verkauft. – Die Taschen der Bauern waren leer.
Durch rücksichtslosen Einzug der Gefälle und große Härte bei der Erhebung des Zehnten hatten sich manche Beamte der Standesherrschaft bei der Bevölkerung sehr unbeliebt gemacht.
aus: Dr. Karl Hofmann, Der Bauernaufstand des Jahres 1848 im badischen Bauland, in: Neues Archiv für die Geschichte der Stadt Heidelberg, Heidelberg 1903

Das Getreide konnte der Bauer nicht eher vom Felde bringen, als bis der Rentamtmann sich jede zehnte Garbe angeeignet hatte; die Traubenlese konnte erst beginnen, wenn das Rentamt die Erlaubnis gegeben hatte und die nötigen Probetrauben, denen später noch der zehnte Teil folgte, an sich genommen hatte. Zeitverlust, unangenehme Verzögerungen, Streit mit den Rentbeamten waren die unausbleiblichen Begleiterscheinungen.
Der Abgaben aber waren noch mehr. Besonders drückend empfunden wurden die Besitzveränderungsabgaben, die unter den verschiedenartigsten Namen geleistet werden mußten. Es waren Abgaben an die Herrschaft beim Übergang eines Grundstückes in andere Hände, sei es durch Todesfall an die Erben, sei es durch Verkauf an einen andern Besitzer. Die härteste dieser Abgaben ging unter dem Gesamtnamen Drittelpflichtigkeit; bald wurde sie auch Drittel, Stockdrittel, bald Ehrschatz, dritter Pfennig, Zehnter, Handlohn oder Güterfall genannt. Eine der Drittelspflicht ähnliche Besitzveränderungsabgabe war ebenfalls noch erhalten, die der Bauer früher dem Standes- oder Grundherrn als eine Art Steuer zu leisten gehabt hatte für den Schutz, den er durch ihn genoß. Im Schwarzwald und Odenwald führte sie die Namen Währschaft und Handlohn; unter dem Namen Kaufgeld war sie sehr verbreitet in dem fürstlichfürstenbergischen Amtsbezirk Meßkirch. Eine ebenso drückende wie verhaßte Abgabe erbschaftssteuerlicher Natur bezog der Adel entweder in gewissen Prozenten oder in einem von ihm ausgewählten Fahrnisstück eines erblich angefallenen Vermögens. Herdrecht, Herdgeld,

Sterbefall, Fallrecht, Fallgeld, Güterfall, Besthaupt oder Hauptrecht, Sterbhandlohn lauteten ihre lokal verschiedenen Namen. Am meisten böses Blut aber machten bei den standes- und grundherrlichen Untertanen die Abgaben, die als ein Ausfluß der einstigen Gerichtsherrlichkeit des Adels immer noch zu entrichten waren. Wollte der bedrängte Bauer Hab und Gut verkaufen, um auszuwandern und sich im fremden Lande ein neues Glück zu schaffen, so mußte er zuerst an den Grund- oder Standesherrn zehn Prozent des außer Landes gehenden Vermögens entrichten. Dieses »Abzugsrecht«, für den Berechtigten eine ganz ansehnliche Einnahmequelle, die vor allem in dem übervölkerten Odenwald bei den zahlreichen Auswanderungen der 40er Jahre nach Amerika zur Geltung kam, wurde gerade in den nordbadischen Gebieten von den Bauern gehaßt und seine Aufhebung dringend gefordert.

Wir haben die Feudalrechte des Adels noch nicht erschöpft, wir sind mit den lästigen Beziehungen der ehemals ihm Untertanen noch nicht zu Ende. Bannrechte, Jagdrechte, Fischerei- und Weiderechte standen dem Adel zu. Bannmühlen, Bannbacköfen, Bannwirtschaften, Bannweinkeltereien, Bannbrauereien waren in den Standesherrschaften der freien Konkurrenz ein Hindernis. Unliebsame Beziehungen zu den Bannberechtigten waren sehr häufig die Folgen. Auf dem freien Eigentum des Bauern jagte der adelige Herr, in den Gewässern, die es durchflossen, hatte er das Recht des Fischens. Weitaus am verhaßtesten, und mit Recht, war das Jagdrecht. Klagen auf Klagen über den allzu großen Wildstand, der die Frucht der Felder ruinierte, liefen in Karlsruhe ein. Das alte Wildschadengesetz war keine zureichende Hilfe. Nur leidige Prozesse seine tatsächliche Wirkung. Zum Vergnügen der Herren, sagte sich der Bauer, wird der große Wildstand gehegt; ob er unsere Saaten und Früchte zertritt, ist jenen einerlei.

Die Not und Teuerung der Jahre 1845–1847 ließen gleichsam wie unter einem Blitzlicht noch einmal die unhaltbaren Verhältnisse der feudalen Abhängigkeit in grellstem Umriß erscheinen, ehe der Revolutionssturm sie wegfegte. Daß der Odenwald der Mittelpunkt der aufständischen Bauernbewegung wurde, daß sie die Besitzungen des hochherzigen Fürsten Karl von Leiningen, des Frankfurter Reichsministers von 1848, am schwersten heimsuchte, findet seine Erklärung in den besonders mißlichen Verhältnissen gerade dieser Gegend.

Der Odenwald litt ohne Zweifel an Übervölkerung. Der Boden ernährte nicht mehr in genügendem Maße seine bäuerlichen Bewohner. Ein Ackerbauproletariat bildete die ernsteste Sorge der Behörden. Ein natürlicher Abfluß dieses Menschenüberschusses fehlte. Der Ruf nach Errichtung von Fabriken, die dem Bauernsohn, der auf der väterlichen Scholle nicht mehr Raum fand, Arbeit und Verdienst geboten hätte, wurde täglich lauter. Einstweilen blieb nur die Auswanderung als rettendes Mittel, oder das Zurückbleiben in den ärmlichsten, ungesundesten Verhältnissen. Eine unterste Schicht ohne Besitz und Geld wurde so zum unruhedrohenden Element, das die Unzufriedenheit in der Bauernschaft schüren half, das gerne laut und vernehmlich den Adel als die alleinige Ursache der elenden Lage bezeichnete. Diese Klagen fielen auch bei dem besitzenden Bauer auf fruchtbaren Boden. Auch er war keineswegs zu beneiden. »Das Leben des Odenwälders ist im allgemeinen ein trauriges,« so berichtet das Bezirksamt Buchen 1847 an die besorgte Regierung. »Nahrung, Wohnung und Kleidung sind auf das geringste Maß beschränkt, bei jeder außergewöhnlichen Ausgabe oder einem zufälligen Ausfall in der Einnahme tritt alsbald völliger Mangel ein. Die Zinsen aus hypothekarischen Schulden drücken den Besitzer der größeren wie der kleineren Gutseigentümer.« Neben den hohen Gemeindeumlagen drückten ganz besonders hart gerade im Odenwald die Naturalabgaben an Zehnten, Gülten und Zinsen, weit mehr noch die Geldrenten. Von der Ableistung der Zehntablösungskapitalien konnte keine Rede sein; man war froh nur die Zinsen bezahlen zu können. Das Fehlen von Kreditanstalten wurde unter diesen Umständen gerade vom Odenwälder Bauer besonders gefühlt.
Wo Kreditlosigkeit herrschte, pflegte der Jude das Feld seiner Tätigkeit hin zu verlegen. Der Odenwald wurde ein Tummelplatz für sein wucherndes Gewerbe. Als scheinbarer Helfer des von den Feudallasten gedrückten Landmannes nahte er sich und wurde dann selbst für den Bauer zu einer neuen »Feudallast« eigener Art. Mit den Exzessen der Bauern gegen das standes- und grundherrliche Eigentum im Jahre 1848 gingen Judenverfolgungen Hand in Hand. Man hat in ihnen den Ausbruch mittelalterlicher Rohheit sehen wollen. Davon war der judenverfolgende Bauer weit entfernt; er bekämpfte nur seinen lästigen Gläubiger. Daß der Jude war, einen andern Glauben hatte, galt ihm nichts. Daß er ihn aussaugte, oft an den Bettelstab brachte, wäh-

rend er selbst täglich reicher wurde, das trieb den Bauer zur Revolte.
Schon im Jahre 1847 war gerade im Odenwald die Erbitterung gegen die Juden und den Adel aufs bedenklichste gestiegen. Allenthalben glimmte schon unter der Asche das revolutionäre Feuer. Es bedurfte wahrlich nur eines geringen Anstoßes von außen, um hier die Bauern zu Gewalttätigkeiten fortzureißen. Das ganze Jahr hindurch beunruhigte jene unterste Schicht arbeitslosen Gesindels die Regierung. Man rechnete mit ihren Krawallen. Daß auch der seßhafte Bauer sich erheben würde, erwartete man freilich nicht, obwohl man seine Nöte kannte. Und doch zeigte schon ein Vorgang im April 1847 die ganze Gefahr für den, der sie sehen wollte. In den Ämtern Adelsheim, Buchen, Eberbach, Mosbach und Neudenau wurde ein aufreizendes Flugblatt verbreitet, das in kluger Berechnung den Bauer zum Aufruhr verführen wollte. Der revolutionäre Aufruf lautete: »Brüder und badische Mitbürger! Die Zeit ist da, wo Gott durch seine Hand uns winkt, daß wir unsere Körperkräfte gebrauchen zu unserer Freiheit, die er von Anfang der Welt uns gegeben hat und sie uns wieder geben will, wenn wir ihm folgen. Darum hat Gott den Hunger unter die Menschen geschickt, damit das Volk aufwache und sich einander liebe wie Brüder und auch wie Brüder miteinander und einer für den andern streite; wir wollen auch nur sagen, weswegen die Revolution entstehen soll: 1. Der Adel muß vernichtet werden. 2. Die Juden müssen aus Deutschland vertrieben werden. 3. Müssen alle Könige, Herzöge und Fürsten weg, und Deutschland ein Freistaat wie Amerika werden. 4. Müssen alle Beamte gemordet werden. Dann wird es wieder gut in Deutschland.«
Der Aufruf, so abenteuerlich er klingt, war für die, an die er sich wandte, höchst gefährlich. Der Freistaat nach amerikanischem Muster war zwar für den Bauer ein ziemlich unklarer Begriff. Aber die Vernichtung des Adels, die Vertreibung der Juden, die Ermordung der Beamten – der grundherrliche Bauer verstand darunter vor allem die Rentbeamten – zeigte ihm einen Ausweg in all seiner Not. Am 12. April 1847 sollte die Zusammenrottung auf der im Odenwald bekannten Spieserheumatte stattfinden. Es gelang der Regierung, die Zusammenkunft zu vereiteln. Man verkannte die drohende Gefahr nicht. Regierungsdirektor Schaaf wurde von Mannheim aus zur Beruhigung der Gemüter in den Odenwald entsandt. Militär in Mannheim und Bruchsal

wurde darauf vorbereitet, unter Umständen bei einem ausbrechenden Aufstand sofort in den Odenwald abmarschieren zu müssen. Man bedurfte seiner schließlich nicht. Aber wochenlang lebten Rentbeamte und Juden in Furcht.
Die Störung der öffentlichen Ruhe und Ordnung begann im ganzen Kraichgau und im angrenzenden Odenwald mit Verfolgungen der Juden. Mißhandlungen von Männern und Frauen, Demolierung ihrer Wohnungen, Plünderung von Hab und Gut, Erpressung von Quittungen über nichtbezahlte Schulden zeigten schon vom 4. März an, wie sehr der Haß gegen die wuchernden Juden gestiegen war.
Nach dem Judenkrawall vom 4. März in Neckarbischofsheim zogen die Bauern und Bürger dieses Städtchens am 6. März vor das Schloß des Grafen Helmstadt und zwangen ihn mit drohender Gewalt, vor dem Gemeinderat und Bürgerausschuß urkundlichen Verzicht auf seine grundherrlichen Rechte zu leisten. Das war das Zeichen zum allgemeinen Aufstand. Innerhalb der zwei oder drei nächsten Tage schon stand das gesamte Gebiet des mediatisierten Adels in Nordbaden in revolutionärem Brand. Schon am 10. März gab es keinen Ort mehr vom Neckar bis zur Tauber und Main, wo nicht das Eigentum des Adels gefährdet war. Schon in diesen wenigen Tagen ward man sich der Schwere der Bewegung voll und ganz bewußt. Sofort sah auch die Regierung ihre ganze Verantwortlichkeit vor sich. Man hatte es nicht mit Exzessen einer proletarischen Schicht zu tun, die nichts zu verlieren und alles zu gewinnen hatte. Es waren meist die Gemeinden in ihrer Gesamtheit, mit Bürgermeister und Gemeinderat an der Spitze, die sich an dem Aufstand beteiligten. Wer nur rohe und brutale, sinnlos zerstörende Gewalt in der Bewegung erblicken will, verkennt sie. Es lag ein planmäßiges Vorgehen im ganzen Unternehmen, trotz des unlogischen Beginnens. Man wollte urkundliche Verzichte vom Adel und zwar von jedem Berechtigten einzeln; Brandstiftung, Zerstörung der Akten, Mißhandlung von Rentbeamten sollten nur den nötigen Nachdruck verleihen. Die große Täuschung, der sich der revoltierende Bauer hingab, war nur, daß der Staat und das Gesetz diese erzwungenen Verzichte rechtlich anerkennen werde. Schon die Vorgänge am 6. März in Neckarbischofsheim illustrieren diese Richtung und Art der Bewegung deutlich. Trotz der Gegenwart des Regierungskommissärs von Chrismar aus Mannheim, der sich gerade in Neckarbischofsheim wegen der Judenexzesse be-

fand, ließen sich weder Bürgermeister noch Gemeinderat davon abbringen, dem jungen Grafen von Helmstadt die Verzichtsurkunde aufzunötigen.
Sie ist zu interessant und für die ganze Bewegung bezeichnend, als daß sie nicht hier wiedergegeben würde: »Verhandelt zu Neckarbischofsheim den 6. März 1848. Gegenwärtig Gemeinderat und Bürgerausschuß. Seiner Hochgeboren Herr Graf Karl von Helmstadt verzichtet für sich und im Namen meines Bruders Max von Helmstadt auf alle Vorrechte, namentl. auf das Patronat der Pfarrer und Lehrer, auf das Recht bei Bürgermeisterwahlen, auf die Jagdberechtigung hiesiger Gemarkung, das Recht bei Bürgerannahmen, überhaupt auf alle Berechtigungen, welche wir auf hiesiger Gemarkung und Gemeinde besitzen für jetzt und alle Zukunft – urkundlich.«
Diese dem Grafen vorgelegte Urkunde mußte er unterschreiben und tat es mit folgendem Zusatz: »Obigem Antrage des hiesigen Bürgerstandes, vorbehaltlich der Zustimmung und Genehmigung meines Bruders, des Grafen Max von Helmstadt, beistimmend, bin ich bereit, auf das Präsentationsrecht des Pfarrers und der Schullehrer zu verzichten, auch das Jagdrecht, jedoch nicht zugunsten eines jeden sondern der ganzen politischen Gemeinde N. freizugeben, so zwar, daß dieses Recht zugunsten der Gemeindeklasse verpachtet wird. Dies habe ich im Vertrauen auf meine braven Bürger von N. und Mitbürger vertrauensvoll auch unter Verzicht auf die Bürgermeisterwahl dahier mit Zuversicht auf unsere Kammer und den Großherzog, daß durch Gesetze dem Wunsche des Volkes in Bälde widerfahren werde, eigenhändig, vorbehaltlich der Rechte Dritter und der Zustimmung meines Bruders Grafen Max von H. unterschrieben. So geschehen Neckarbischofsheim den 6. März 1848, Karl Graf von Helmstadt.«
Die von dem Gemeinderat und Bürgerausschuß vorgelegte Fassung des Verzichtes gedenkt mit keinem Wort gesetzlicher Institutionen, mit keinem Wort des Staates. Der Grundherr aber nimmt deutlich bezug auf die alleinmaßgebenden Faktoren staatlicher Gesetzgebung und macht so den Verzicht zu einem bedingten. Die Bauern nahmen daran im Augenblick keinen Anstoß. Sie waren in ihrer Verblendung überzeugt, daß ihnen das auf diesem Wege Erreichte kein Staat und sonst niemand wieder nehmen werde.
aus: Friedrich Lautenschlager, Die Agrarunruhen in den badi-

schen Standes- und Grundherrschaften im Jahre 1848, Heidelberg 1915

Friedrich Hecker:
Wir haben für uns Christen eine Reihe von Rechten erkämpft, die uns bei allen Völkern hochstellen, und uns als ächte freie Bürger in ihre Reihen einführen. Sollten wir nun dulden oder wünschen, daß, je weiter wir in der Freiheit emporsteigen, desto tiefer, verlassener und verachteter die Bekenner des mosaischen Glaubens dastehen? Nein, solche Bürger müssen denken, je freier und rechtlicher der Zustand für uns Christen ist, um so tiefer in Wahrheit der Israelite steht, wenn wir ihn da lassen, wo er ist und wo wir von Rechtsverletzung und Freiheitsbeeinträchtigung sprechen. Ich will nicht von dem geistigen Standpunkte aus für Gleichheit und Freiheit sprechen, sondern auf etwas Materielles hinweisen. Wenn auf der einen Seite ein freies, selbstberechtigtes Christenvolk, auf der andern Seite aber ein niedergedrücktes helotisches Judenvolk stehen würde, so frage ich, auf was letzteres angewiesen wäre? Es könnte nicht an allen unseren geistigen Genüssen teilnehmen, sondern wäre auf den materiellen Erwerb hingetrieben und gezwungen, sich auf alle mögliche Weise Geld zu sammeln, um der Sinnenlust und der Geldlust zu fröhnen. Was hätte man aber dann? Man hätte ein habgieriges, gedrücktes, dem Gelderwerb und Sinnengenuß nachhängendes Volk, das keinen andern Stolz kennt, als den materiellen Besitz. Diejenigen, die heutzutage gegen die Emanzipation der Juden sprechen, und glauben, durch blutige Exzesse und schändliche Demolitionen dem Judentum den Stab brechen zu können, sind gerade jene, die den allergefährlichsten Zustand, welchen sie vernichten wollen, herbeiführen. Auf solche Weise rottet man den unerlaubten Gelderwerb, die wucherlichen Zinse, und das unredliche Treiben nicht aus, sondern führt alles dies herbei, denn der Mann, der als niedergedrückter und verachteter Helote im Staate gegenüber von einer berechtigten Bevölkerung dasteht, muß sich zuletzt auf solchen schnöden Erwerb werfen. Wenn dagegen der Israelite sieht, daß er an allen Rechten seiner Mitbürger teilnimmt, so erwacht in ihm derselbe Bürgerstolz, wie er in den freiberechtigten Bürgern erwacht, und er wird sich schämen, in jener verachteten herabgedrückten Kaste zu existieren und sich lediglich mit Gelderwerb und den materiellen Interessen

zu befassen. Diejenigen, die sagen, die Emanzipation werde solche Plünderungsszenen bewirken, sind die gefährlichsten Gegner von sich selbst. Ich möchte deshalb meinen Mitbürgern zurufen: *Wollt Ihr den Schacher, Wucher und schnöden Gelderwerb nicht begünstigen, so stellt den Israeliten als gleichberechtigt neben Euch, und der Stolz, gleichberechtigt dazustehen, wird eine Aufforderung für ihn sein, auch als gleich würdiges Glied der bürgerlichen Gesellschaft sich zu zeigen.* Wer von Euch, meine Mitbürger, in Volksversammlungen oder sonstwo Gelegenheit hat, möge diese Grundsätze entwickeln, und ich bin überzeugt, unser entschlossenes braves Volk wird solche würdigen.

aus: Verhandlungen der II. Badischen Kammer 1847/49, Protokoll III

Schon in den letzten Tagen des Monats Februar erzählte man sich in den Wirtshäusern der ganzen Umgegend von der Revolution, die in Paris und Frankreich ausgebrochen, und von der neuen Freiheit, die dort erkämpft worden sei. Je öfter die Schilderungen hiervon wiedererzählt wurden, desto mehr schmückte man sie mit allerlei abenteuerlichen Geschichten und Heldenthaten aus, und einige unruhige Köpfe gerade in der größten Amtsgemeinde, in dem Dorfe Schweigern, machten es sich zur Aufgabe, in den Wirtshäusern die Bevölkerung zur Nacheiferung aufzufordern. Wie im März des Jahres 1525 von der Wirtschaft zum Ochsen in Ballenberg das Zeichen zum Bauernaufstand ausgegangen war, so kamen nun auch in der ersten Märzwoche 1848 in dem Gasthaus zur Krone in Schweigern die Unzufriedenen zusammen und trafen die Vorbereitungen zum Aufruhr. Hier wurden am Sonntag, 5. März die Briefe geschrieben, durch welche sie die Bauern der Nachbargemeinden zum Sturm auf das Rentamtsgebäude in Boxberg und zur Verjagung der leiningischen Beamten aufforderten, der am Fastnachtsdienstag, 7. März, stattfinden sollte.
Schon am Tage vorher, am Montag, 6. März, lief in Boxberg das Gerücht um, es sei ein Anschlag gegen das Fürstliche Rentamt geplant, sogar dem Rentamtmann Hermann war es zu Ohren gekommen. Dieser aber war außer Sorge, da er den Boxbergern, die er nach seiner Meinung immer rücksichtsvoll behandelt habe, eine derartige Handlungsweise nicht zutraute. Aber bereits

an diesem Tage gährte es in allen Wirtshäusern des Städtchens, doch weder der größte Teil der Bevölkerung, noch die Beamten selbst, wußten bestimmt, was vorgehen sollte; denn was gerüchtweise erzählt wurde, konnte und wollte man nicht glauben.
Am Fastnachtsdienstag kamen schon im Laufe des Vormittags von den Nachbardörfern auffallend viele Männer nach Boxberg herein, und am Nachmittag waren sämtliche sieben Wirtschaften dicht besetzt. Im Gasthaus zum Löwen saßen viele Einwohner von Boxberg und »tranken, schlugen auf die Tische und ließen die Freiheit leben«. Ebensoviele Auswärtige waren im »Hirschen«, wo sie sich an leiningischem Bier aus der Brauerei von Ernstthal Mut tranken. Dort hieß die Losung: »Heute soll das Rentamt gestürmt und der Beamte zum Fenster hinausgestürzt werden«.
In Schweigern traf man unterdessen schon die unmittelbaren Vorbereitungen zum Angriff. Beim Eintritt der Dunkelheit ging hier der Wagner Schnabel von dem Gasthaus zur Krone nach der Wirtschaft zum Roß und forderte die Anwesenden zum Aufbruch nach Boxberg auf.
Zwischen sieben und acht Uhr abends zog denn auch von Schweigern her eine Rotte von sechs bis acht hundert Mann gegen Boxberg hinauf. Es waren Leute aus Schüpf, Schweigern und Bobstadt, und an ihrer Spitze ging als Führer der Zimmermann Adam König von Schweigern mit einer Axt in der Hand. Die meisten unter ihnen trugen als Erkennungszeichen ein weißes Hemd über den Kleidern und waren mit langen Messern, alten Säbeln und Gewehren, sowie mit Beilen und andern ähnlichen Werkzeugen bewaffnet. Beim Herannahen der Aufrührer wollte der Rentamtmann Hermann noch in aller Eile die Rentamtskasse und Gültbücher, sowie die wichtigsten sonstigen Aktenstücke in Sicherheit bringen, aber er vermochte es nicht mehr; es war bereits zu spät. Kaum gelang es ihm noch, sich selbst mit Frau und Kind, ohne Überkleider und Stiefel, wie er war, vor der Wut des anstürmenden Haufens in Sicherheit zu bringen. Die Kleider, welche er und seine Angehörigen auf dem Leibe trugen, waren alles, was sie noch retten konnten. Während sie sich durch die Hinterthüre des Kellereigebäudes in den Garten und von da ins Freie flüchteten, war schon das vordere Hauptthor erbrochen, und mit wildem Geschrei stürmten die Angreifer durch die Gänge und die Treppen hinauf in die Wohn- und Diensträume des Rentamtmanns.

Im nächsten Augenblick waren auch schon sämtliche Thüren, Fensterläden und Fenster zertrümmert. Die Rentamtskasse wurde erbrochen und ihr Inhalt, etwa 200 Gulden waren es, geraubt, alle Akten und Bücher weggenommen, der Hausrat in Stücke geschlagen und durch die Fenster auf die Straße geworfen. Während dann die einen die Akten, Gültbücher und Urkunden vor das Städtchen auf die damals der Standesherrschaft gehörige Schafwiese an der Angelthürner Straße hinausschleppten und dort verbrannten, drangen die andern in die Kellerräume unter dem Rentamtsgebäude ein. Getrunken hatten sie tagsüber schon genug, darum begnügten sie sich jetzt damit, sämtlichen dort lagernden Weinfässern die Böden einzuschlagen, so daß der Inhalt herausfloß und die leeren Fässer thatsächlich bald im Weine herumschwammen.
Noch am gleichen Abend zogen die Aufständischen mehrere hundert Mann stark, Theodor Feller von Boxberg mit einer Trommel an der Spitze, nach Unterschüpf. Hier waren schon am Nachmittag durch maskierte Personen und Soldaten allerlei Ausschreitungen gegen Juden und gegen den katholischen Geistlichen verübt worden. Als die Tumultuanten von Boxberg ankamen, war es schon gegen Mitternacht. Sogleich begannen sie auch hier ihr Zerstörungswerk an den Häusern der Israeliten, die meist Handelsleute und Kaufleute waren. Hierauf drangen sie in das leiningische Rentamtsgebäude ein, nötigten dem Beamten die Akten und Bücher ab und vernichteten sie. Am Morgen des Aschermittwoch trieben sich noch einige Nachzügler in den erbrochenen Kellern der Israeliten und auf der Straße und in den Dorfgassen von Unterschüpf umher und tranken Wein.
Dem Beispiele, das die Boxberger am Abend des 7. März gegeben hatten, folgte man auch am nächsten Tage in den Nachbargemeinden. In Schwabhausen drang ein Volkshaufe in das Rathaus ein, holte sämtliche Pfand-, Gült-, Zehnt- und Lagerbücher, sowie den größten Teil der vorhandenen Gemeindeakten heraus, schleppte sie auf die sogenannte Thomaswiese hinter dem Brandweier am Ostende des Dorfes und verbrannte sie zu Asche. Dasselbe Schicksal fanden am nämlichen Tage die Gemeinderegistraturen zu Windischbuch, Bobstadt und Wölchingen.
Aber auch weiter entfernt liegende Orte wurden bald von dem gleichen Taumel erfaßt. Am Abend des 10. März erstürmten Hardheimer und Höpfinger Bürger das Rentamt zu Hardheim und verbrannten, nach dem Beispiele das ihnen drei Tage zuvor

zu Boxberg und Unterschüpf gegeben worden war, alle rentamtlichen Akten.

Der Sturm auf das Rentamt in Boxberg war noch unter dem Ruf: »Es lebe der Großherzog!« erfolgt, als aber das Großherzogliche Militär erschien, um Ruhe und Ordnung wieder herzustellen, schlug die Stimmung der Bevölkerung plötzlich um, so daß es der Amtmann für nötig hielt, eine militärische Wache ins Amthaus selbst zu legen. Schließlich nahm die Bevölkerung eine so bedrohliche Haltung gegen den Beamten ein, daß er sogar aus Furcht für seine eigene Person sich Tag und Nacht bewachen ließ.

Da – am 1. April abends gegen neun Uhr – stand plötzlich, von rachsüchtiger Hand in Brand gesteckt, das Gebäude über der Kegelbahn des Kannenwirts in Wölchingen am Ostende des Dorfes in hellen Flammen. Zugleich ertönte auch Feuerlärm: Dies war das Zeichen zu einem neuen Angriff! Niemand dachte daran, den Brand zu löschen, sondern wütend stürmte eine dichte Volksmasse mit Steinwürfen und unter dem Rufe: »Nieder mit den leiningischen Spitzbuben!« gegen die Wirtschaft zur Kanne. Gleich darauf zog der Volkshaufe auch vor die Wohnung des Rentamtsverwalters Kurz und überschüttete dieselbe mit einem Hagel von Steinen, indem er den vorigen Ausruf wiederholte. Da trat ein Gemeinderatsmitglied unter die Tumultuanten und forderte sie auf, sich ruhig zu verhalten und nach Hause zu gehen. Die hierdurch entstandene Pause benützte Kurz dazu, seine Frau, die erst seit drei Tagen Wöchnerin war, in ein Nachbarhaus in Sicherheit zu bringen.

Nachdem der Amtmann gesehen hatte, daß er nicht mehr imstande sei, die aufgeregte Bevölkerung durch Güte oder Strenge im Zaume zu halten, dachte er nun am nächsten Tage, am 2. April, vor allem an die Rettung seiner eigenen Familie.

Kaum aber hatte der Amtmann dem Städtchen den Rücken gekehrt, so wurde auch schon am Boxberger Rathaus die Freiheitsfahne ausgesteckt. Aus Wölchingen und den andern umliegenden Orten zogen am gleichen Tage die Bürger haufenweise nach Boxberg. Hier wurde nun in einer Versammlung einstimmig beschlossen, wenn der Rentamtsaktuar Kurz in Wölchingen die bereits entrichteten Bürgereinzugsgelder nicht herauszahle, so werde er und seine Familie verjagt und sein Haus mit allem, was darin sei, zertrümmert.

aus: Dr. Karl Hofmann, a.a.O.

Die fürstlich Leiningenschen Bauern planten einen großen nachdrücklichen Schlag an der entscheidenden Stelle. Statt der Zusagen und Verzichtsurkunden, die man bis jetzt sich bei den einzelnen Rentbeamten erzwungen hatte, wollte man, unter Umständen mit Waffengewalt, einen Gesamtverzicht bei der fürstlichen Hauptverwaltung, der Domänenkanzlei im benachbarten bayrischen Städtchen Amorbach erpressen. In Mudau wurde der Plan geschmiedet. Am Morgen des 10. März eilten von hier nach allen Seiten reitende Boten in die Odenwälder Gemeinden, um die Bauern zum gemeinsamen Zuge nach Amorbach zu entbieten. »Es ist höchste Zeit«, hieß es in dem den Boten mitgegebenen Aufruf des Gemeinderats von Mudau, »daß wir alle Mann an Mann unser gemeinsames Interesse bei dem Fürsten von Leiningen zu vertreten suchen. Ernsttal ist mit seinen sämtlichen Akten gestern in Feuer übergegangen. Heute noch soll Amorbach der Versammlungsort für den ganzen Odenwald sein. Das Bauland, der Taubergrund usw., alle kommen heute, der ganze Gemeinderat an der Spitze soll von allen Orten vertreten werden. Mudau ist der Versammlungsort.« Für Zaudernde verlieh man dieser Aufforderung Nachdruck durch allerhand Drohungen. Die Gemeinden, die zu feig oder zu schlaff seien, für die gemeinsame Sache zu kämpfen, werde man erbarmungslos niederbrennen. Allenthalben leistete man dem revolutionären Aufruf Folge. Mudau wurde der Sammelplatz zahlreicher mit Prügeln, Gewehren, Sensen, Heugabeln, Äxten und anderen Geräten bewaffneter Bauernhaufen. Aus den hoch und abseits gelegenen Dörfern strömte es herbei. Und dann wälzte sich der Zug über die bayrische Grenze gen Amorbach und machte vor der Stadt drohend halt – eine tausendköpfige Menge. In dem Städtchen fürchtete man das Schlimmste. Die Bürgerwehr stand kampfbereit in Waffen, um dem unvermeidlich scheinenden Angriff der herandringenden Bauernmenge zu begegnen. »Das weitere Vordringen der Mudauer hätte ein Blutbad zur Folge gehabt.« Die hielten sich indessen ruhig und schickten eine Abordnung in die Stadt, aus den Bürgermeistern der einzelnen Gemeinden bestehend. Man wehrte ihnen den Eingang nicht. Sie legten der Domänenkanzlei eine Liste »vielfacher, z. T. ganz exorbitanter Forderungen« vor mit der Erklärung, daß die Zerstörung Ernsttals und Waldleiningens nicht abzuwenden sei, wenn man nicht bewillige. In der Erinnerung an den Bauernkrieg des 16. Jahrhunderts, die in diesen Gegenden noch lebendig war, hatte man die Forderungen

in zwölf Punkte gegliedert.
Ist die revolutionäre Bewegung der Bauern in den nordbadischen Standes- und Grundherrschaften im Frühjahr 1848 als eine rein agrarische, nur gegen ihre besitzenden Bedränger gerichtete sofort zu erkennen und weit davon entfernt, ihre Spitze gegen die Regierung zu richten – sie kleidete sich ja auch gerne in das Gewand loyaler Gesinnung gegen den Großherzog –, so erscheint der Seekreis dem oberflächlicheren Auge von vornherein in politisch-revolutionärer Verhetzung.
Wenn es gelungen ist, den Strom freiheitlicher Begeisterung und den Drang, sich von alten Fesseln endlich zu befreien, hier im Seekreis in das Bett einer politisch-revolutionären Bewegung hinüberzuleiten, so mag daran die infolge der Zeitereignisse gut ausnutzbare günstige Agitationsgelegenheit, die in dieser der republikanischen Schweiz nahen Ecke Badens begreiflichen Widerhall fand, Schuld haben.
Wir haben hier im Grunde dieselbe agrarische Bewegung, wie im Kraichgau und Odenwald. Der Unterschied besteht nur im Grade des gewaltsamen Ausbruches und darin, daß man das gleiche Ziel auf verschiedenem Wege zu erreichen hoffte: Nordbadens Grundholden durch gewaltsame Erpressungen beim Adel selbst; die Grundholden des Schwarzwaldes und des Seekreises, nach ganz kurzem Versuch in Odenwälderart, auf dem Wege – zur Republik.
Auch für die Bewohner des Seekreises war die Nachricht von der französischen Revolution der zündende Blitzstrahl. Der grundherrliche Bauer erhob sofort seine Forderungen. Der Tag war gekommen, der ihm die Befreiung von den feudalen Fesseln bringen mußte. Jetzt galten die Privilegien der Mediatisierten nicht mehr. In allen Ämtern bereitete sich auch hier im Süden ein Ausbruch gegen das standesherrliche Eigentum vor. Unerlaubtes Jagen und Plündern in den freiherrlichen, markgräflichen und fürstlichen Waldungen machten den Anfang. Fällige Zahlungen von Abgaben wurden verweigert. Die Zehntablösungskommission mußte ihre Arbeiten einstellen, da der Bauer glaubte, fortan keinen Zehnten mehr ablösen zu brauchen. Schlimmeres stand bevor.
Die Ämter Donaueschingen, Jestetten, Hüfingen und Bonndorf sahen eine bedrohliche Stimmung. »Sensen werden geschliffen und Pulver eingekauft,« berichtete der Bonndorfer Amtsvorstand, »jetzt gehts hinter die Herren, wird gerufen.«
aus: Friedrich Lautenschlager, a. a. O.

Chronik

Bereits 1818 hatte der badische Großherzog, »um die Bevölkerung enger an das Fürstenhaus zu ketten«, dem Land eine Verfassung gegeben. Sie sah zwei Kammern vor, ohne deren Zustimmung keine Steuern erhoben oder Gesetze erlassen werden durften. Allerdings wurden diese Kammern nicht nach einer allgemeinen Wahl zusammengesetzt. Die Wahlberechtigung hing von einem je nach Vermögen und Stand gestaffelten Wahlzensus ab.
Die Radikalen der Zweiten Kammer, besonders Hecker und Struve, stellten auf einer Volksversammlung in Offenburg ein Programm auf (12. Sept. 1847), das fast »schon sozialdemokratische Forderungen« (so das Meyersche Konversationslexikon von 1897) erhob: Vereidigung des Militärs auf die Verfassung, nicht auf den Großherzog; progressive Einkommenssteuer; Ausgleich des Mißverhältnisses zwischen Kapital und Arbeit usw.

Heckerzug

5. April 1848
Zur Verstärkung des eigenen stehenden Heeres rücken hessische, württembergische und bayrische Truppen in Baden ein: Ersuchen der badischen Regierung in Karlsruhe gegen demokratische Agitation.
Dieses Ersuchen war aufgrund der deutschen Bundesakte vom 8. Juni 1815 möglich, die den Deutschen Bund begründete (bis 1866). »Zweck desselben war die Erhaltung der innern und äußern Sicherheit Deutschlands und der Unabhängigkeit und Unverletzlichkeit der einzelnen deutschen Staaten.« (Meyers Konversationslexikon, 1897)
Auf die Intervention der Bundestruppen antworten die radikalen Demokraten mit einer ultimativen Forderung an die badische Regierung: Sie solle sofort im ganzen Land über die Frage »Republik oder Monarchie?« abstimmen lassen.
6. 4.
Volksversammlungen gegen den Einmarsch fremder Truppen.
8. 4.
Verhaftung Josef Ficklers, eines Führers der Demokraten, auf

Veranlassung der Vertreter der liberalen Bourgeoisie in der Regierung.

12. 4.

In einer Volksversammlung versucht Friedrich Hecker, die Bürger von Konstanz für eine republikanische Erhebung zu begeistern. Wer hofft, daß eine große Zahl badischer Soldaten überlaufen wird.

13. 4.

Abmarsch der republikanischen Schar, kaum 60 Männer. Die Heckersche Kolonne wächst dann bis 800 Mann an; in zwei weiteren Kolonnen versammeln sich 3000, bzw. 700 Mann. Gegen die Revolutionäre werden 30000 Soldaten aufgeboten.

20. 4.

Schlacht bei Kandern (Stadt bei Lörrach, an der Kander). Hecker hofft vergeblich, daß die gegnerischen Soldaten überlaufen. Der Chef der gegenrevolutionären Truppen, General v. Gagern, fällt. Die Republikaner müssen schließlich vor der Übermacht fliehen. Hecker emigriert in die Schweiz.

24. 4.

Freiburg, das von Aufständischen besetzt worden war, wird von Bundestruppen eingenommen.

27. 4.

Die von Georg Herwegh geführte Legion der deutschen Handwerker in Paris hatte inzwischen den Rhein überschritten, um der Revolution zu Hilfe zu kommen. Die Legion stößt bei dem Dorf Dossenbach auf eine württembergische Abteilung und muß zurückweichen. Damit ist der erste republikanische Aufstand in Baden jetzt endgültig gescheitert.

Struvezug

21. September 1848

Gustav v. Struve proklamiert in Lörrach die deutsche Republik. Organisation und Aufbruch einer Freischar.

25. 9.

Die Regierungstruppen erobern das von der Freischar besetzte Staufen. Struve wird verhaftet.

Reichsverfassungskampagne. Der Aufstand in Baden und in der Pfalz.

Mai 1849

Die badischen Volksvereine geben sich nicht damit zufrieden, daß der Großherzog die Reichsverfassung anerkennt. Sie fordern die Auflösung der nach einem Wahlzensus gewählten Kammern und die Wahl einer verfassunggebenden Landesversammlung nach dem allgemeinen, gleichen und geheimen Wahlrecht.

11. 5.

Republikanische Aufstandsbewegung unter den Soldaten in Rastatt, der deutschen Bundesfestung in Baden, deren Besatzung aber fast nur aus badischen Soldaten bestand. Die wenigen Österreicher verhalten sich neutral und erhalten von den Republikanern freien Abzug.

13. 5.

Zur allgemeinen Landes-Volksversammlung in Offenburg kommen 35000 Menschen. Die Versammlung verabschiedet das radikalste Programm der Revolution (Staatsbank zum Schutz der Handwerker und Bauern gegen das Kapital, progressive Einkommenssteuer usw.). Die aus Offenburg zurückkehrenden Züge tragen den Aufstand in alle Teile des Landes.
Soldatenaufstand in Karlsruhe, dem Sitz des Großherzogs Leopold und seiner Regierung. Flucht des Großherzogs.

14. 5.

Der Landesausschuß der Volksvereine und seine Exekutivkommission übernehmen die Regierung; badische Republik.

17. 5.

Auch in der bayrischen Pfalz ist die Revolution zunächst erfolgreich. Eine Art Landesparlament erklärt die Lostrennung der Pfalz von Bayern; eine provisorische Regierung der Pfalz wird gebildet.
Baden und die Pfalz schließen ein militärisches Bündnis.

Mitte Juni

Bei der schwachen Frankfurter Zentralgewalt ersucht der geflüchtete Großherzog um Hilfe gegen sein Volk und die badisch-pfälzische Revolutionsarmee, die sich aus aufständischen Soldaten, Volkswehrleuten und Freischärlern gebildet hat. Zwei preußische Korps (ein preußisches Armeekorps umfaßte durchschnittlich 25–30000 Mann kämpfender Truppen, – Troß usw. also nicht mitgerechnet) und Reichstruppen rücken in die Pfalz ein, ziehen gegen den Neckar und dringen entlang der württembergischen Grenze gegen Süden vor. Blutige Gefechte mit wechselnden Siegen.

20. 6.

Die Preußen haben die Pfalz besetzt und überschreiten den Rhein nach Baden; Niederlage der revolutionären Truppen im Gefecht bei Waghäusel, einem kleinen Wallfahrtsort. Die Aufständischen ziehen sich in die Festung Rastatt zurück.

25. 6.

Gefecht bei Durlach. 1000 Revolutionäre halten erfolgreich ein preußisches Korps auf, um den Rückzug der Aufständischen zu decken.

Ende Juni

Die Festung Rastatt ist von den Preußen eingeschlossen. Die revolutionäre Regierung flüchtet aus Karlsruhe nach Freiburg und löst sich dort auf.

Mitte Juli

ist bis auf Rastatt ganz Baden bis zur Schweizer Grenze hin besetzt. Die letzten aufständischen Truppen flüchten in die Schweiz.

23. 7.

Rastatt muß den Preußen übergeben werden: Hunger, Mangel an Munition und die aussichtslose Lage der isolierten Festung.

18. August

Der Großherzog kehrt nach Karlsruhe zurück. Die Preußen bleiben bis Ende 1851 in Baden.

Heckerzug. *Frühjahr* 1848

Drei Tage hatten den Kindern von Paris genügt, die alte, morsche Welt mit all' ihren Vorurteilen, ihren Privilegien zu begraben und das Banner einer neuen jubelnd aufzupflanzen.

Ich sage, den Kindern von Paris, denn sie waren es recht eigentlich, welche ohne Führer, selbst von den Deputierten der Opposition verlassen, am 24. Februar als Sieger in die Tuilerien einzogen und dem Königtum durch den einstimmigen Ruf: Vive la république! ein Ende machten.

Ja, vive la république! aber eine solche, wie sie groß und keusch aus den Händen des armen Volkes hervorgegangen, und von ihm weder als das ausschließliche Eigentum seiner noch irgend einer andern Nation, sondern als das beglückende Band aller Völker gedacht und geschaffen war.

Darum allein hatte diese Revolution auch eine Bedeutung, darum die ungeteilten Sympathien aller guten, freien Menschen.

Polen, Italiener, kurz die verschiedenen fremden Nationen, die hier in Paris zahlreich repräsentiert waren [politische Flüchtlinge, Handwerker, die Arbeit suchten, usw.], schickten als Ausdruck ihrer Freude und Bewunderung Adressen und Deputationen an das französische Volk, das auch jetzt wieder so glorreich die Initiative für Alle ergriffen hatte – nur die Deutschen, die gewöhnlich hintennachziehen und zum Fest kommen, wenn alle andern längst abgespeist und ihnen nichts als die beaux restes übrig gelassen – hatten es noch nicht zu einem gemeinsamen Gruß bringen können.

Um jene Zeit kam der ehemalige Redacteur der Brüsseler Zeitung Herr Adalbert von Bornstedt nach Paris und machte einen Besuch bei Herwegh. Er lud ihn zu einer Versammlung von Deutschen ein, die noch am selben Abend im Café de Mulhouse zustande kommen sollte, um sich wegen einer Adresse an das französische Volk zu beraten. Gegen 400 fanden sich zur bestimmten Stunde auch daselbst ein und verständigten sich, o Wunder! wirklich darüber, daß es an der Zeit wäre eine gemeinsame Manifestation zu machen.

Diese ohne Aufschub ins Werk zu setzen, erwählten sie gleich aus ihrer Mitte ein Comité, zu dessen Präsidenten sie Herwegh ernannten und ihm den Adreßentwurf übertrugen.

aus: Zur Geschichte der deutschen demokratischen Legion aus

Paris. Von einer Hochverräterin [Emma Herwegh], in: Briefe von und an Georg Herwegh, München 1898

Herwegh, Georg, der hervorragendste unter den deutschen politischen Lyrikern der 40er Jahre, geb. 31. Mai 1817 in Stuttgart, gest. 7. April 1875 in Lichtenthal bei Baden-Baden, bezog das protestantisch-theologische Stift in Tübingen, verließ es jedoch bald, um sich der Litteratur zu widmen ... wurde aus dem preußischen Staat ausgewiesen ... erlangte im Kanton Baselland das schweizerische Bürgerrecht, worauf er sich mit Emma Siegmund, der Tochter eines reichen jüdischen Bankiers in Berlin, verheiratete ... Gleich nach der Februarrevolution von 1848 trat H. bei mehreren Kundgebungen der Deutschen in Paris auf und fiel im April an der Spitze einer deutsch-französischen Arbeiterkolonne in Baden ein, ward jedoch ... von den württembergischen Truppen geschlagen.
aus: Meyers Konversationslexikon, Leipzig/Wien 1897

Hecker, Friedrich Karl Franz, bad. Revolutionär, geb. 28. Sept. 1811 in Eichtersheim im Badischen, gest. 24. März 1881 in St. Louis, studierte die Rechte und ließ sich 1838 als Obergerichtsadvokat in Mannheim nieder. 1842 in die badische Zweite Kammer gewählt ... Nachdem er sich infolge seiner sozialdemokratischen Ansichten von seinen bisherigen Freunden geschieden, machte er auf dem Landtag 1846–1847 ... gegen das bisherige liberale Ministerium Opposition und beantragte Steuerverweigerung bis zur Änderung des herrschenden Systems. Als er hiermit in der Minorität blieb, legte er im März 1847 sein Mandat als Volksvertreter nieder und beteiligte sich im September 1847 an der Offenburger Versammlung ... Er organisierte eine Volkserhebung an der schweizerischen Grenze. Nachdem er am 12. April von Konstanz aus ... die offene Aufforderung zum Aufstand erlassen, fiel er an der Spitze einer Freischar in das badische Oberland ein und traf am Morgen des 20. mit den badischen Truppen unter Generalleutnant v. Gagern vor Kandern zusammen, wo der letztere fiel und die Freischaren nach einem kurzen Gefecht zurückwichen. H. flüchtete sich danach auf schweizerischen Boden ... H. wanderte im September 1848 nach Amerika aus und bewirtschaftete hier eine Farm ... Von der revolutionären badischen Regierung im Mai 1849 zurückgerufen, erschien H. auch im Juli mit einem kleinen Gefolge amerikanischer Offiziere in Straßburg, kehrte jedoch, da sich die Revolution ihrem Ende nahte, nach Amerika zurück. Bei dem Ausbruch des amerikanischen Bürgerkriegs 1861 führte er dem unionistischen General Fremont ein Regiment zu, beteiligte sich selbst am Kampf und ward verwundet.
aus: Meyers Konversationslexikon, Leipzig/Wien 1897

Eine Anzahl Freunde saß im Gasthaus zum Pariser Hof in Karlsruhe, den Gang des politischen Lebens besprechend, die Lauheit und Diplomatie der Kammermajorität beklagend, welche nicht einmal gewagt hatte in der Adresse auf die Thronrede, Religionsfreiheit und Gleichstellung aller Konfessionen und Schwurgericht als Volksforderung zu stellen. Ein Schauspieler tritt heftig herein: »Louis Philipp hat abgedankt zu Gunsten des Grafen von Paris, eben brachte ein Kourier die Nachricht;« kurz nach ihm stürzt der Abgeordnete Buhl herein mit der gleichen Nachricht. »Wohlan, in wenig Zeit ist die französische Republik unsere Nachbarin«, behaupten zwei gegen alle übrigen Anwesenden. Nun war es Zeit die Forderungen des Volkes aufzustellen und mit Nachdruck zu verfolgen, welche schon am 12. Febr. 1847 auf der Versammlung zu Offenburg gestellt, die Runde durch halb Europa gemacht und mit Hochverrathsprozessen verfolgt worden waren.

Einige entschlossene Patrioten entwarfen nun am 26. Febr. folgende Petition an die zweite Kammer:

»**Hohe zweite Kammer!**

Petition vieler Bürger und Einwohner der Stadt Mannheim betreffend die endliche Erfüllung der gerechten Forderungen des Volkes.

Eine ungeheure Revolution hat Frankreich umgestaltet. Vielleicht in wenigen Tagen stehen französische Heere an unsern Grenzmarken, während Rußland die seinigen im Norden zusammenzieht. Ein Gedanke durchzuckt Europa. Das alte System wankt und zerfällt in Trümmer. Aller Orten haben die Völker mit kräftiger Hand die Rechte sich selbst genommen, welche ihre Machthaber ihnen vorenthielten. Deutschland darf nicht länger geduldig zusehen, wie es mit Füßen getreten wird. Das deutsche Volk hat das Recht zu verlangen:

Wohlstand, Bildung und Freiheit für alle Klassen der Gesellschaft, ohne Unterschied der Geburt und des Standes.

Die Zeit ist vorüber, die Mittel zu diesen Zwecken lange zu berathen. Was das Volk will, hat es durch seine gesetzlichen Vertreter, durch die Presse und durch Petitionen deutlich genug ausgesprochen. Aus der großen Zahl von Maßregeln, durch deren Ergreifung allein das deutsche Volk gerettet werden kann, heben wir hervor:

1) Volksbewaffnung mit freien Wahlen der Offiziere.
2) Unbedingte Preßfreiheit.
3) Schwurgerichte nach dem Vorbilde Englands.

4) Sofortige Herstellung eines deutschen Parlamentes.
Diese vier Forderungen sind so dringend, daß mit deren Erfüllung nicht länger gezögert werden kann und darf.
Vertreter des Volkes! Wir verlangen von Euch, daß Ihr diese Forderungen zu ungesäumter Erfüllung bringet. Wir stehen für dieselben mit Gut und Blut ein, und mit uns, davon sind wir durchdrungen, das ganze deutsche Volk.
Mannheim, den 27. Febr. 1848.«
Sie wurde des folgenden Tages in einer großen Volksversammlung angenommen; Exemplare eilten nach allen Gegenden Deutschlands, überall erhob man sich, in Nassau, beiden Hessen, Baiern, Württemberg, Preußen, Sachsen u.s.w., den gegebenen Impulsen folgend; in Massen strömten die Männer nach den Residenzen, die alten Minister entwichen, die Fürsten, verlassen und rathlos, versprachen und unterschrieben. Gegen 20000 Männer versammelten sich in Karlsruhe, sie verlangten unverzögerte Rechtsbriefe für das Volk, die Deputationen wollten selbst in dem Ständesaale die Petitionen überreichen, man verweigerte es als gegen die Geschäftsordnung des Ständehauses verstoßend; bleich saßen die reaktionären Abgeordneten, unruhig die Unentschlossenen und Halben; ängstliche Gruppen umstanden den rathlosen Präsidenten. Eine Uebereinkunft, wornach die Deputationen an der Barre des Saales die Volksbegehren schweigend überreichten, unter dem Jubelsturme der Gallerien und Räume des Hauses, endigte diese Scene.
aus: Dr. Fr. Hecker, Die Erhebung des Volkes in Baden für die deutsche Republik im Frühjahr 1848, Basel 1848

Friedrich Hecker, der Revolutionär und Dr. jur., veröffentlichte diese Schrift direkt nach der Niederknüppelung des ersten Aufstands im April 1848, als eine Aufzeichnung der Gründe und Tatsachen über »unsere unterlegene, aber nicht besiegte Sache«.

Aus der Proklamation des Großherzogs Leopold, von Gottes Gnaden, Großherzog von Baden, Herzog von Zähringen.

Die schweren Ereignisse der neuesten Zeit können nicht anders, als sich weithin fühlbar machen auf die Grundlagen der bestehenden gesellschaftlichen Ordnung.

Nie mehr als in solchen Zeiten ist es Bedürfnis, daß, so wie Regierung und Stände, so Fürst und Volk fest zusammenhalten, um den Feinden unserer verfassungsmäßigen Freiheit und des gesellschaftlichen Zustandes, ob sie im Innern oder von Außen sich zeigen, mit vereinter Kraft entgegenzustehen.
In solchen Augenblicken fehlt es nicht an Verführern aller Art. Unter dem mißbrauchten Vorwande der Freiheit wird häufig die Gesetzlosigkeit, in der alle Freiheit untergeht, gepredigt; oder eine Schreckensherrschaft Einzelner, die jede freie Aeußerung Anderer auf die gehässigste Weise verfolgen, hervorgerufen.
Ich wende Mich an alle, denen die Ordnung, das Recht und die wahre Freiheit am Herzen liegen, mit der Aufforderung, daß sie mit mir zusammenwirken, um die heiligen Güter, – die Ordnung, das Eigentum und die verfassungsmäßige Freiheit, – auch in den Stürmen der Gegenwart aufrecht zu erhalten.
Meine Badener! an Euch ist es nun, der Welt das Beispiel zu geben, eines in gesetzlicher Entwickelung der Freiheit, unter Festhaltung der Ordnung, glücklich fortschreitenden Volkes: Ihr werdet – Ich weiß es, Ich vertraue darauf, dieses großartige Beispiel geben.

Gegeben zu Carlsruhe, den 2. März 1848.

Leopold.

Bekk. Auf allerhöchsten Befehl Seiner Königlichen Hoheit des Großherzogs:

Büchler.

aus: Gr. Badisches Regierungsblatt, 1848, Nr. XI

Den gerechten Forderungen der Bauern kam die Regierung durch sofortige Einbringung des Gesetzes über die Aufhebung aller Feudallasten entgegen. Dadurch wurde ein Zusammenfallen der agrarrevolutionären Bewegung mit der drohenden politisch-revolutionären Umsturzwelle verhütet.
aus: Dr. Friedrich Lautenschlager, Volksstaat und Einherrschaft. Dokumente aus der badischen Revolution 1848/49, Konstanz/Baden 1920

Ich hörte, daß sich in Paris eine »Deutsche Demokratische Gesellschaft« unter dem Präsidium Herweghs gebildet und beschlossen habe, die Deutschen in Paris zu einem Truppenkorps zu vereinigen, welches man nach Deutschland schicken wolle, um dem sich erhebenden Volk als Anhaltspunkt und Stütze zu dienen.

Ich fand mich zur bestimmten Zeit ein und traf am Sammelplatze etwa achthundert Arbeiter aus allen möglichen deutschen Vaterländern. Die meisten hatten auf den Barrikaden mitgekämpft, und alle schienen von dem besten Geiste beseelt; das heißt, sie waren, wenn man sie hörte, vollständig davon überzeugt, daß für Deutschland nur Heil zu erwarten sei, wenn man seine sechsunddreißig Fürsten verjagte; zu diesem Zwecke Gut und Blut daran zu wagen, sagten sie, war ihr fester Entschluß.

Als Herwegh auf dem Platze erschien, brachte er die soeben eingetroffene Nachricht, daß in Wien eine Revolution ausgebrochen und Fürst Metternich verjagt sei. Diese wichtige Neuigkeit wurde mit dem größten Jubel aufgenommen; sogleich mischte sich aber einiges Mißtrauen in die Freude, da eine Revolution in der Hauptstadt Oesterreichs selbst die kühnsten Hoffnungen übertraf.

Die Uebungen sollten angefangen werden, und ich begann die mir zugeteilte Sektion zu ordnen und ihr die Anfangsgründe der edlen Waffenkunst beizubringen, als es den Führern einfiel, daß es zweckmäßig sein dürfte, die Leute noch einmal zu fragen, ob sie auch fest entschlossen seien, Paris zu verlassen und zur Unterstützung der deutschen Brüder nach Deutschland zu ziehen. Wer diesen Entschluß nicht teile, wurde aufgefordert, zurückzutreten. Zu meinem großen Erstaunen blieben mir von meiner Sektion nur sechzehn Mann, mit welchen ich indessen meine Exerzitien fortsetzte. Die Stimmung der Leute war ganz vortrefflich. Sie waren ruhig, bescheiden und vollkommen geneigt, sich jeder militärischen Anordnung zu fügen.

aus: Otto von Corvin, Ein Leben voller Abenteuer, Frankfurt/M, 1924

Corvin-Wiersbitzki, Otto, Julius Bernhard von, Schriftsteller, geb. 12. Okt. 1812 in Gumbinnen, gest. 3. März 1886 in Wiesbaden, wurde in den Kadettenhäusern zu Potsdam und Berlin erzogen und diente 1830–35 als preußischer Leutnant in Mainz ... nahm 1835 seinen Abschied ... litterarische Beschäftigungen ... Ein entschiedener Demokrat, nahm er im April 1848 am Aufstand in Baden thätigen Antheil, kehrte auch im Mai 1849 nach Baden zurück, verteidigte als Bürgerwehroberst Mannheim bis nach der Schlacht von Waghäusel gegen die Preußen,

wurde zuletzt Chef des badischen Generalstabs in Rastatt ... Nach der Übergabe standrechtlich zum Tode verurteilt, wurde C. zu sechsjähriger Einzelhaft begnadigt ...
aus: Meyers Konversationslexikon, Leipzig/Wien 1897

In Baden gingen inzwischen die Ereignisse den oben geschilderten Gang, das Volk bedurfte einer Organisation, um gegen Ueberlistung und Gewaltstreich auf der Wache stehen zu können, um Einheit der Handlung zu erzielen, in den Stunden der Gefahr und der Entscheidung. Die Offenburger Volksversammlung vom 19. März wurde ausgeschrieben. Die badische Regierung berieth über das Verbieten derselben, sie berieth über die Aufstellung einer Truppenmacht, Kouriere flogen, das badische Militär wurde in Bereitschaft gesetzt, in Rastatt, in Karlsruhe; Truppen von Bruchsal und Mannheim herbeigezogen, Karlsruhe selbst war mit Infanterie, Kavallerie und Artillerie gespickt und die Zugänge zur Stadt gedeckt, die servile Bürgerschaft dieser Staatsdienerkolonie stand unter Waffen, Rastatt wimmelte von kriegsbereiten Truppen; von Würtemberg war für den Fall des Losschlagens Militär requirirt und stand zum Einrücken in Bereitschaft, kurz, alle Kräfte waren aufgeboten, um über das damals noch nicht organisirte, noch nicht mit Waffen versehene Volk herzufallen, wenn es die Republik ausrufen sollte.
Mit vielem Pomp und Kraftversicherungen hat man das unruhig wogende, zerrissene Volk auf die Versammlung in Frankfurt verwiesen, dort hoffte es einen Sammelpunkt zu finden, dort erwartete es Männer zusammentreten zu sehen, welche sogleich schöpferisch und ordnend, aufräumend den alten Schutt, eingreifen würden. Statt dessen stritt man um Kompetenz, um Befugnis zu einer provisorischen Regierung, man war auf die Bahn der Revolution getreten und hatte nicht den Muth der Revolution, nicht den Muth, in Stunden der Gefahr und Zerrüttung zur Entscheidung zu schreiten. Vergebens rief man das Beispiel Nordamerika's, Frankreichs und anderer Staaten an, die Feigheit und der Verrath spielten ihre Rolle und überantworteten die Revolution an die Monarchie, man gab dieser Zeit sich zu erholen, sich zusammenzunehmen, ihre Heeresmacht zu reorganisiren.
Statt der Permanenz der Versammlung wurde die langweilig narkotische Essenz eines permanenten Fünfzigerausschusses, also permanente Nichtpermanenz beliebt; und natürlich nicht

ein einziger Mann von republikanischer Thatkraft und Entschlossenheit gewählt; der Grundsatz der Volkssouveränität diskutirt, bei dem panischen Schreck vieler Mitglieder aber sogleich abgebrüht, ausgelegt und so anständig fricassirt, daß selbst die Monarchie sich dabei beruhigen konnte.
aus: Dr. Fr. Hecker, a. a. O.

Der provisorische Ausschuß des Vaterlands-Vereins im Lande Baden an die Bürger in ....

Beifolgend übersenden wir Euch eine Anzahl von Protokollen der Offenburger Versammlung vom 19. März 1848.
Diese Versammlung war von beiläufig zwanzig Tausend Bürgern des badischen Landes besucht. – Die Beschlüsse derselben werden mit der größten Tatkraft im Lande Baden verwirklicht werden.
Wir teilen sie Euch mit und fordern Euch zugleich auf, in demselben Geiste wie wir zur Befreiung des deutschen Vaterlandes tätig zu sein.
Auf diese Weise wird sich die Bewegung rasch auch über Euer Land verbreiten und jeden Widerstand von Seiten der Reaktion unmöglich machen.
Von Euerem Tun gebet Nachricht dem Mitgliede unseres Ausschusses Heinrich Hoff, Buchhändler in Mannheim, welcher von Euern Mitteilungen den geeigneten Gebrauch machen wird.
Wohlstand, Bildung, Freiheit für Alle!
Offenburg, den 19. März 1848. Friedrich Hecker.

Bereits unterm 12. September vorigen Jahres stellte die Versammlung zu Offenburg die Forderungen des Volkes fest.
Sie verlangte damals schon unter andern namentlich die volkstümliche Wehrverfassung, eine gerechte Besteuerung, Ausgleichung des Mißverhältnisses zwischen Arbeit und Kapital und Abschaffung aller Vorrechte. Die Regierung hat diesen Forderungen mit Hochverratsprozessen geantwortet, allein das Volk hat sie beim Zusammentritt des Landtages erneuert und nach dem gewaltigen Umsturze im Westen mit gesteigerter Kraft auf deren Erfüllung gedrungen. Diesem unwiderstehlichen Drange nachgebend, haben dieselben Regierungsmänner, welche die

Redner der Offenburger Versammlung vom 12. September mit Hochverratsprozessen verfolgt hatten, Zugeständnisse gemacht, deren Halbheit nur schlecht den Hintergedanken verhüllte, bei günstiger Gelegenheit, wie in den dreißiger Jahren, die abgedrungenen Zugeständnisse zurückzunehmen und in ihr Gegenteil zu verkehren.

Das Volk hat erkannt, daß die ihm zu Teil gewordenen Zugeständnisse nicht der staatsmännischen Einsicht und dem guten Willen der Machthaber, sondern den gewaltigen Bewegungen des Volkes, der äußeren Anregung der französischen Revolution und den Kundgebungen vom 1. und 2. März d. J. zuzuschreiben seien.

Jeder denkende Freund des Vaterlandes erkennt klar und deutlich, daß in den Pariser Februartagen nur der Anfang einer Völkerbewegung gemacht worden sei, welcher mit unabweisbarer Notwendigkeit seine Fortsetzung in allen Staaten Europas erlangen müsse.

Das Volk hat kein Vertrauen zu der ersten Kammer der Ständeversammlung, da dieselbe aus Privilegierten besteht, welche ihren Sonderinteressen das Wohl des Volkes stets geopfert haben. – Das Volk verlangt Abhülfe gegen diesen Uebelstand vermittelst einer Revision der Verfassung.

Das Volk hat kein Vertrauen zu einer großen Anzahl der Mitglieder der zweiten Kammer, da dieselben durch Wahlbeherrschung und Wahlverfälschung unter dem Einfluß der Censur und der Polizei gewählt wurden, und sich als blinde Werkzeuge in den Händen jeden Ministeriums erwiesen haben. – Das Volk verlangt den Rücktritt der reactionären und gesinnungslosen Partei der zweiten Kammer.

Das Volk besitzt durchaus keine Bürgschaften für die Verwirklichung seiner Forderungen und die Begründung eines dauerhaften Zustandes der Freiheit. Es muß sich diese Bürgschaften selbst verschaffen:

Demzufolge bildet sich:

In jeder Gemeinde des badenschen Landes ein vaterländischer Verein, dessen Aufgabe ist, für die Bewaffnung, die politische und soziale Bildung des Volkes, so wie für die Verwirklichung aller seiner Rechte Sorge zu tragen.

Das Volk verlangt von der Ständeversammlung, daß sie die entschiedensten Maßregeln treffe, um zu bewirken, daß die Regierung:

1. Sofort eine Verschmelzung der Bürgerwehr und des stehenden Heeres durchführe zum Behufe der Bildung einer wahren, alle waffenfähigen Männer umfassenden Volkswehr.
2. Alsbald alle Abgaben abschaffe, außer den Zollvereins-Abgaben und etwa der direkten Steuern, und ihre Ausgaben decke durch eine progressive Einkommens- und Vermögenssteuer.
3. Daß sofort alle Vorrechte, welchen Namen sie tragen, abgeschafft werden.
4. Daß ungesäumt die Schule von der Kirche getrennt werde.
aus: Friedrich Lautenschlager, Volksstaat, a.a.O.

Inzwischen wurden überall Bürgerwehren errichtet, als Stützen der »Freiheit« gegen das Schreckgespenst der Reaktion. Was man aber in weiten Kreisen unter der Freiheit verstand, das zeigte in möglichst drastischer Weise ein Vorgang in Heidelberg am Ostermontag 1848. An diesem Tage zogen durch das Karlstor mehrere Hundert mit Gewehren, Sensen usw. bewaffnete Landleute aus dem einige Stunden entfernten Städtchen Sinsheim und Umgegend in die Stadt ein; sie waren vielfach von ihren Weibern begleitet, die große Säcke trugen, um darin die Stadtbewohner ihres überflüssigen und daher der »Gleichheit der Bürger« schädlichen Wohlstandes zu entledigen. »Ja so ists nicht gemeint mit der Freiheit« riefen selbst die radikalsten Schreier in Heidelberg der Feinen und eilten mit den Waffen in der Hand auf den Marktplatz, wo vor dem Rathaus die Sinsheimer sich aufgestellt hatten. Zum Glück stand an der Spitze der bewaffneten Bürgermiliz ein energischer Mann, der Bürgerschulprofessor Rummer, ein ehemaliger Artillerieoffizier. Dieser ließ sofort die zügellose Bande umzingeln und drohte den Leuten, sie niederschießen zu lassen, wenn sie die Waffen nicht niederlegen würden, und dieser energischen Drohung, wie einer begütigenden Ansprache des gemütlichen hochgeehrten Geh. Rats Mittermaier gelang es, die betörten Leute zum friedlichen Abzug zu bewegen, die von der Republik gehört und darunter die Güterteilung verstanden hatten – »Freiheit, die ich meine!«
Die Bürgerwehr war eine andere Spielart der soldatischen Spießbürger, aber so harmlos wie sie schien, war sie doch eine schwere Last für Männer in gereiftem Alter, oft bis fünfzig Jahre, die, wie Dr. Georg Weber in einer Abhandlung in der »Allgemeinen Zeitung« hervorhob, an eine sitzende gemächliche Lebensweise,

Professoren insbesondere, gewöhnt waren und nun zu diesen militärischen Uebungen und Spielereien gezwungen wurden. Die ungewohnte Anstrengung hat dem Schuldirektor Louis, einem hochverdienten und allgemein beliebten Manne, das Leben gekostet. Auf einem Ausmarsch wurde er in den Reihen der Wehrmänner vom Schlage gerührt. »Und noch lange erzählte man sich als Kuriosität«, fährt Weber fort, »daß der berühmte Pandektist Vangerow vor der Wohnung eines früheren Zuhörers, der nun Freischarenführer geworden, Schildwache gestanden habe.« Den Staatsrechtslehrer Zöpfl, den dicksten Mann Heidelbergs, habe ich selbst auf dem Wege von der Universität nach seiner benachbarten Wohnung mit einem gewaltigen Schleppsäbel an der Seite einherstolzieren sehen. Schleppsäbel sah man überhaupt mehr als genug, und selbst eine republikanische Kaufmannsfrau hielt vom Brunnentrog am Rathaus, den Schleppsäbel in der Hand, eine feurige Aufruhrrede.
aus: Das Badener Land, Nr. 48/49 1907

Aus dem Artikel von Josef Fickler in den »Seeblättern«, mit dem seine Verhaftung strafgesetzlich begründet wurde.

Raffet alle euere Kräfte zusammen, schüttelt ab das drückende Joch der Knechtschaft, der Tyrannei, das so lange Zeit auf euerm

wundgedrückten Nacken ruhte, zersprenget die Fesseln und Ketten, welche euere Würger, mit hartem Eisen geschmiedet, euch angelegt, stürzet herab von den entweihten, von mörderischen Händen besudelten Thronen die Verräter des Volkes, die euch alle zustehenden Rechte geraubt und euere Habe und euer Eigentum an sich gerissen, um ihre Maitressen, Spione und den Troß ihrer zu Verrätern gestempelten Dienerschaft in höchst untertäniger Dummheit zu erhalten und zu füttern! Nehmt aus den bluttriefenden Händen den Scepter, vernichtet, zertrümmert ihre teuflische Gewalt.
aus: »Seeblätter« vom 2. 4. 1848

Fickler, Joseph, demokrat. Volksführer in Baden, geb. 1808 in Konstanz, gest. daselbst 1865, war zuerst Kaufmann, gründete 1830 ein Wochenblatt im Sinne der damaligen liberalen Opposition und wurde Obmann des Bürgerausschusses seiner Vaterstadt. Ein talentvoller Autodidakt, machte er die »Seeblätter«, die er seit 1836 redigierte, zu einem einflußreichen Organ der Demokratie. Beim Ausbruch der Revolution von 1848 agitierte F. alsbald für eine Republik. Verdächtig, mit den Zuzügen deutscher Arbeiter aus Frankreich, vielleicht mit der französischen provisorischen Regierung selbst in Verbindung zu stehen, ward er am 8. April in Karlsruhe verhaftet, aber im Mai 1849 freigesprochen …
aus: Meyers Konversationslexikon, Leipzig/Wien 1897

Aus der Eingabe des Gemeinderates Konstanz an das Ministerium des Innern wegen der Verhaftung Ficklers vom 9. April 1848.

Dem hohen Ministerium darf es nicht unbekannt sein, daß Josef Fickler in Mitten der heutigen Volksbewegung eine Bedeutung gewonnen hat, welche wir aufs bestimmteste damit bezeichnen zu müssen glauben, daß Tausende der Männer aus dem Volke, namentlich aus der Masse der Landleute, allerwärts im Seekreise und auch in anderen Teilen des Landes, all dasjenige gegen sich selbst gerichtet betrachten, was in irgend einer Weise von der Staatsregierung gegen Josef Fickler gerichtet werden möchte.
Auch sprechen wir hiermit das Bewußtsein des Volkes aus, daß Josef Fickler in Hinsicht auf die öffentlichen Zustände nicht mehr und nicht minder gehandelt und zu verantworten habe, als Tausende und Abertausende unserer Mitbürger.
Wir müssen die entschiedenste Ueberzeugung aussprechen, daß die Gefangenhaltung dieser Männer allein in unserem Lande

eine Volksbewegung hervorrufen kann, deren Ausgang und Umfang nicht abzusehen, jedenfalls aber von den schwersten Folgen sein wird.
aus: Friedrich Lautenschlager, Volksstaat, a.a.O.

Friedrich Hecker

Durch Rheinbayern, Frankreich und die Schweiz Tag und Nacht fortreisend, gelangte ich Dienstag den 11. gegen 6 Uhr in Konstanz an.
Im Gasthause zum Badischen Hofe traf ich bereits Struve, Willich, Bruhn, Mögling, Abgeordneten der II. Kammer in Würtemberg, und Doll; Freude und Herzlichkeit war auf allen Gesichtern zu lesen. »Ich wußte es, daß Hecker kommen und uns nicht im Stiche lassen werde!« rief Struve freudig aus. Sogleich begannen die Berathungen, ich arbeitete mit bis Morgens 3 Uhr, dictirte Briefe, Proklamationen u. dgl.
aus: Dr. Fr. Hecker, a.a.O.

Ganz anders (als Struve) ist Hecker, und dem Volke, dem sinnlichen, näher. Das ist ein Fleischesser und ein vollsaftiger, gesunder Mensch. Hier ist Unmittelbarkeit, wenn er auftritt und sein langes braunes Haar aus dem Gesicht schüttelt und mit einer kräftigen Baritonstimme zu reden beginnt. Man spürt es sofort, daß hier Einer redet, der nicht aus der Schreibstube, nicht vom Studium des Contrat social herkommt, sondern aus dem Kreise rüstiger Leute, welche eine tüchtige Veränderung wollen im Staatsleben.
Dabei spürt man doch gleichzeitig, daß dieser Redner im Zusammenhange steht mit geschichtlichem Studium, daß er innerlich eine richtige Folge haben möchte in Entwickelung der Dinge: »Es ist die Zeit der fahrenden Habe gekommen«, pflegt er zu sagen, und nichts sei mehr unbeweglich, auch nicht das Kapital und nicht der Besitz, der einst starr wie ein Fels gewesen. Damit deutet er auf weitaussehenden Wechsel, ohne doch in die systematischen Folgerungen des vorigen Rechenmeisters (Struve) einzutreten. Er begründet viel mehr im Vorübergehen sein Bedürfnis nach Bewegung und Wechsel, als daß er ein System begründen wollte. Sein Angriff ist poetisch und nicht eigentlich sozialistisch; er stammt aus der ganzen menschlichen Regung, nicht aber aus den unabweislichen Bedingungen einer Lehre. Man sieht voraus, daß dieser Mann des ungestümen Kampfes leicht genötigt werden könnte, nach errungenem Siege gegen seine systematischen Genossen aufzutreten, weil er Freiheit und nicht System will, weil er oberflächlich im Constituieren und nachsichtig gegen sich und Andere im Leben sein würde. Er erscheint gutmütiger, sorgloser, mit einem Wort studentischer. An den Studenten erinnert er ganz und gar, wie lange er auch schon in der badischen Kammer sitzt; und daraus erklärt sich, abgesehen von allem Uebrigen, seine ermunternde Einwirkung auf die jungen Männer des westlichen Deutschlands. Diese bilden eine ganz andere Jugend der Revolution als die jung genannten Revolutionäre des Nordens, namentlich als die Berliner. Die west- und süddeutsche Jugend will und mag nichts wissen von jenen abstrakten Konsequenzmachern. Sie spricht ihnen das Herz ab, und jene Kälte in blos formeller Folgerung ist ihr tief zuwider. Die Revolution der Hegelianer und Blasirten geht nur so lange mit der ihrigen zusammen, als sie einen gemeinschaftlichen Feind haben. Gelänge den Republikanern der Sieg, so würden sie augenblicklich auseinanderplatzen, und die radikalen Philoso-

phen würden mit verächtlicher Geringschätzung nachweisen, daß dieser Hecker ein gedankenloser Politiker sei, ein Vorpostenführer ohne Geist und Bedeutung, dessen man nur bedurft habe, um das sinnliche Volk in die Schlacht zu locken. So steht er zwischen dem nüchternen Schulmeister Struve und den herzlos Abstrakten des Nordens. Einsam und ohne weiteren Zusammenhang als den Zusammenhang, welchen ein gemeinschaftlicher Feind bildet, ein Vertreter der natürlichen Revolution.
aus: Heinrich Laube, Das erste Deutsche Parlament

Hecker:
Mittwoch den 12. April. Ausschreiben werden an die umliegenden Gemeinden, Aufforderungen zum bewaffneten Zuzug erlassen und in diesen, wie in allen spätern Aufforderungen, verlangt, daß die Mannschaft mit Munition, den nöthigen Geldmitteln, sowie mit Proviant auf mindestens 8 Tage versehen sein solle. Um 10 Uhr reiste Struve nach der Stadt Ueberlingen, Stockach, Engen und Donaueschingen ab.
Es kamen nun des Morgens eine Reihe von Personen, welche bisher stets von Freiheit des Volkes hochtrabend geredet, und mahnten von dem Unternehmen ab; ich suchte den mir aus der Kammer befreundeten Direktor Peter auf, welcher mich beschwor, von dem Unternehmen abzustehen, und mit Thränen in den Augen bat, mich dem Vaterlande zu erhalten. Viele Beamten hätten wohl Lust gehabt, Gewalt zu gebrauchen, allein ihre Macht war allenthalben dahin, und ein solcher Schritt würde die ganze Stadt und Umgegend auf die Beine gebracht und unser Unternehmen wesentlich gefördert haben.
Advokat Würth, welcher wahrscheinlich aus Angst, denn so sah er aus, krank war, lud mich in sein Haus ein, woselbst ich abermals eine politisch-moralische Abmahnungskonferenz aushalten mußte, es wurde mir mit Versicherungen der Freundschaft und Anhänglichkeit, mit Gründen der Unmöglichkeit des Gelingens, mit Bitten, mich für Baden und Deutschland zu erhalten, zugesetzt; Kuenzer, Würth, Katzenmaier, Zogelmann, Arzt Banotti, Hüetlin, wetteiferten darin, selbst Sigel schien wankend zu werden; da übermannte mich der Unwille, ich warf denjenigen, welche bisher so maultapfer gewesen, ihre Muthlosigkeit in zorniger Energie vor und erklärte, wenn nun, wo es gelte, zu

handeln, uns alle im Stiche ließen, und durch ihr Benehmen verderben wollten, so sollten wir eher mit Ehren zu Grunde gehen, als uns muthlos zurückziehen; aber das Volk sei besser, tapferer und glühender für die Sache republikanischer Freiheit und so schieden wir, um uns Mittags vier Uhr in einer Volksversammlung, welche ich hatte ausschreiben lassen, wieder zu finden.

Die Versammlung in der eminenten Mehrheit gab laut ihre Sympathien für die Republik und unser Unternehmen kund, und mit freudiger Zuversicht kehrten wir in unsere Behausung und an die Arbeit zurück.

Wie oben bemerkt, reiste Struve in Begleitung von Bruhn, Mittwoch den 12. April Vormittags 10 Uhr von Constanz nach Ueberlingen ab, begab sich dort in das Gemeindehaus, um eine Bürgerversammlung zu berufen, um dieselbe mit dem Zwecke seiner Anwesenheit bekannt machen zu können. Dem ausgedrückten Wunsche wurde alsbald entsprochen und die Bürgerschaft trat in der Kirche zusammen, woselbst von Struve die Sünden der Monarchie auseinandergesetzt – die Vortheile der Republik dargethan – und dann die Anwesenden aufgefordert wurden, sich zu bewaffnen, um sich den nach Karlsruhe abgehenden republik. Colonnen anschließen zu können. – Struve's Rede wurde von der aus 600–700 Personen bestehenden Versammlung mit größter Begeisterung aufgenommen und das Versprechen gegeben, daß von Ueberlingen ein nicht unbedeutender Zuzug stattfinden werde, worauf er seine Reise nach Stockach fortsetzte, wo er Mittags 4 Uhr eintraf, und ebenfalls sogleich eine Versammlung des Gemeinderathes etc. veranstaltete.

Donnerstag den 14. in der Frühe wurde in Constanz Generalmarsch geschlagen; die Bewaffneten stellten sich auf dem Marktplatze auf, vier Trommler voran; mehrere derselben, die noch Tages zuvor gewaltig entschlossen sich gebärdet hatten, schlichen davon, andere versprachen nachzukommen; Weishaar von Lottstetten, welcher Befehlshaber einer wohl bewaffneten und organisirten Schaar von circa 1500 Mann Bürgerwehr war, erklärte damals, dem Unternehmen sich nicht anschließen zu wollen; Andere schützten vor, man müsse erst die Ausschußmitglieder des Vaterlandsvereins zusammenkommen und über die Sache abstimmen lassen; auf Manche übte das Regenwetter einen lähmenden Einfluß; wie denn die eintretende regnerische Witterung überhaupt dem Zuzuge viel Abbruch that, – aber die mit

uns zogen, waren fröhlichen Muthes und tapfern Herzens und sind es geblieben vom Anfang bis an's Ende.
Die Frauen und Mädchen zeigten sich muthiger und begeisterter als die Männer. Manchen, der nachher zu uns stieß, trieben die Frauen und Mädchen mit ihren Vorwürfen, daß es feige sei, uns im Stiche zu lassen und daheim zu sitzen, während wir die Freiheit erstreben wollten, zu den Waffen. Wir haben Zügen von Hochherzigkeit, Begeisterung und Resignation bei den Frauen begegnet, daß wir getrost auf das heranwachsende Geschlecht, das sie geboren haben und erziehen, blicken können. Vor den Vater, der dem Sohn abwehren wollte, trat die Schwester und rief dem Bruder zu: »Zieh' aus, zieh' aus! laß dich nicht irre machen; zieh' hin mit Gott und kämpfe für deines Volkes Befreiung!«
Unter hellem Trommelschlag, begleitet von hunderten, zogen wir von Constanz aus über die Brücke.
Hätten die von Constanz, welche erst des folgenden Tages, theils aus Schaam, uns allein gehen zu lassen, theils nach überwundenen Bedenklichkeiten, auszogen, sich gleich unserem Abmarsche angeschlossen, wären wir gleich einige hunderte von dorten ausgerückt, kein Zweifel, daß eine Erhebung in Masse stattgefunden hätte, denn Alles fragte: »wo sind die Constanzer und ihre Kanonen?« Fort ging es munter und froh; ein Seitenweg durch den Wald sollte die Strecke bis Stockach abkürzen, wo Volksversammlung angesagt war und wo wir, wie uns versichert war, eine Verstärkung von 3000 Mann zu erwarten hätten. Den eingeschlagenen Weg verließen wir und zogen hinab nach Allersbach, wo uns ein Bote entgegenkam und aufforderte, dort einzurücken. Mit hellem Jubel empfangen, redete ich zu der auf dem Rathhause versammelten Bürgerschaft und hier, wie fast allerwärts, wo ich zu dem Volke sprach, nahm es meine Ansprache mit Enthusiasmus auf und bewaffneten sich Männer zur Heerfahrt. Aufforderungen zum Zuzug trugen Boten nach den Nachbargemeinden, insbesondere nach der Insel Reichenau, wo ein kühnes, verwegenes Geschlecht, scharfe Büchsenschützen, haust. Von Reichenau sagt man, daß, wenn der Bodensee gefriert, der Reichenauer seine Pelzmütze darauf wirft, und wenn das Eis nicht bricht, ausruft: »tragt's die Mütze, muß es auch den Mann tragen!« und verwegen schreitet er über die dünne Kruste dahin, ob auch alljährlich Manche ertrinken. Der blaue Himmel lachte aus den zerrissenen Regenwolken, zur Seite der klare

herrliche See, die fernen freien Alpen, vor uns Hohenstaufen, Hohenhoben, Hohenstoffeln, Hohenkrähen und Hohentwiel; eine Welt voll alter Sagen und Lieder, verklungener Mähren, lag vor uns; alte Chroniken erzählten von der Despotie deutscher Kaiser und der Lehenschaft, von Fridolin dem Christenthumsprediger auf Reichenau, von Pfaffentrug und dem verbrannten Huß, und wir zogen aus mit dem Banner der deutschen Republik; wir wollten vertilgen die despotischen Reste des Mittelalters und gründen den freien Volksstaat. Hell tönte kriegerisches Manneslied und die weißes Seevögel schwirrten um unsere Häupter, und im Gespräche über die Vorzeit und kühne Thaten der Bewohner vom See, wie einst Constanz tapfer gestritten gegen äußere Dränger und den Uebermuth der Geschlechter in der Stadt, zogen Dr. Kaiser und ich vor unserem Heerhäuflein her, mit Trommelschall durch ein Dörflein hindurch, wo Glück und Segen und gutes Gelingen uns zugerufen wurde und biederer Händedruck uns begrüßte. Auf einer Höhe machten wir Halt, ein Rudel Rehe, das über den Weg stürzte, hätte unsern Proviant vermehrt, hätten unsere Schützen sie gleich gewahrt. So langten wir mit dem Zuzug von Allersbach, der rüstig fürbaß geschritten war und uns eingeholt hatte, eine stattliche Reihe bildend, in Wahlwies an. Man hatte unsere Ankunft erfahren, und obwohl die meisten Streitbaren zur Versammlung nach Stockach gezogen waren, kamen uns doch Männer, Frauen und Kinder mit lautem Freudenrufe, eine deutsche Fahne schwingend, entgegen.
aus: Dr. Fr. Hecker, a.a.O.

Sigel, Franz, geb. 1824 zu Sinsheim in Baden, trat 1844 als Leutnant in die badische Armee, nahm aber 1847 seinen Abschied, um in Heidelberg die Rechte zu studieren. Er beteiligte sich 1848 an der Revolution im badischen Oberland und ward 18. Mai 1849 von der provisorischen Regierung zum Kriegsminister und Kommandanten der Insurrektionsarmee ernannt. Infolge seiner Niederlagen abgesetzt, diente er nun unter Mieroslawski, leitete nach Mieroslawskis Rücktritt (10. Juli) den Rückzug nach der Schweiz. 1851 ging er nach New York. Beim Ausbruch des Krieges zwischen den Süd- und Nordstaaten 1861 warb er für letztere eine deutsche Freiwilligenlegion und focht mit ihr unter General Lyons in Missouri. Nachdem dieser gefallen, rückte er in dessen Stelle auf, focht als Brigadekommandant mit Auszeichnung, ward zum Generalmajor befördert. Ließ sich 1867 in New York nieder, wo er in der städtischen Verwaltung tätig war. Der Kongreß bewilligte ihm in Anerkennung seiner Verdienste ein Jahrgehalt.
aus: Meyers Konversationslexikon, Leipzig/Wien 1897

Die pariser deutsche demokratische Legion. An unsere deutschen Mitkämpfer aus Frankreich und der Schweiz und an das deutsche Volk.

Die Pariser deutsche demokratische Legion ist an den Ufern des Rheins angekommen; sie hat hier deutsche Freiheits-Legionen aus anderen Städten Frankreichs und der Schweiz gefunden, alle gekommen, um für die Freiheit des deutschen Volkes zu fechten.
Ehe wir vereint zur ersten entscheidenden That schreiten, sei ein offenes Wort an unsere Freunde und Mitkämpfer und an das ganze deutsche Volk gesprochen.
Wir sind keine Freischaaren!
Wir sind deutsche Demokraten, *wollen Alles für das Volk, Alles durch das Volk!* – Wir wollen die deutsche Republik mit dem Völker verbindenden Wahlspruche: *Freiheit! Gleichheit! Bruderliebe!*
Wir sind keine Freischaren!
Wir sind ein wohlgerüstetes Hilfskorps im Dienste des deutschen Volkes, bereit für Deutschlands Freiheit und Größe zu fechten bis auf den letzten Mann, gegen innere und äußere Feinde.
Kampfgerüstet stehen wir am Rheine, und doch treibt uns nicht blinde, ungestüme Kampfeslust, – wir wünschen, daß unsere Mission eine friedliche sein könne, daß der Sieg ohne Blut, die Freiheit ohne Menschenopfer errungen werden möge.
Frei von persönlichem Ehrgeize werden wir uns freuen, wenn das deutsche Volk ohne uns seine vollständige Freiheit erringt, und diese unwiderruflich begründet, aber dreimal glücklich werden wir sein, wenn es uns vergönnt ist, an der Seite unserer Brüder in Deutschland für die Freiheit zu fechten und deren Sieg mit zu begründen.
Deutsche Brüder in der Heimat! Eure Brüder aus der Fremde, aus der Verbannung, nahen, empfangt sie als Freunde! Wir gedachten niemals als Feinde auf deutschen Boden zu treten, niemals euch die Freiheit aufzudringen, niemals euren freien Willen zu beschränken, noch *Euer Eigentum anzutasten.*
Wir sind *Eure Freunde* und *Bundesgenossen.* Wir kämpfen nur Eure Kämpfe, wollen nur Euren Sieg, mag dieser nun auf friedlichem Wege oder mit dem Schwerte erfochten werden.
Die Armeen der Fürsten umgeben Euch von allen Seiten; schätzt Euch glücklich, daß auch eine *Armee der Freiheit* in Eurer Nähe steht.

Sobald Ihr sie ruft, wird sie über den Rhein in Eure Mitte eilen und Eure Reihen verstärken; sie wird mit Ordnung und Manneszucht, mit Begeisterung und Freiheitsliebe den letzten entscheidenden Kampf für die Geschicke Deutschlands fechten helfen.
Wir erklären euch aber auch zugleich, daß wir ungerufen nicht kommen, daß es ferne von uns liegt, gewaltsam in Deutschland einzudringen, und daß, falls ihr unglücklicherweise Deutschland für die vollständigste Staatsform der Freiheit: *die Republik*, noch nicht reif wähnt, wir weit entfernt sind, Euch unsere Überzeugung aufzudringen, oder Euch zu zwingen, freie Republikaner zu werden, wenn Ihr *Unterthanen* bleiben wollt. – Darum aber bleiben wir Republikaner mit Leib und Seele, und werden einzeln, jeder in seinem Kreise die großen Grundsätze und Lehren der Revolution von 1848 in Wort und That verbreiten. In diesem Falle aber befürchtet nur die propagandistische Gewalt unserer Grundsätze, aber nicht unserer Waffen.
Wir werden dann dem neu erwachenden *Polen* zu Hilfe eilen, gegen Rußland kämpfen oder für *Schleswig-Holsteins* deutsche Rechte in den Kampf ziehen; – als Freiheitsarmee des deutschen Volkes werden wir an der Weichsel oder an der Ostsee stets nur für Deutschlands Größe, Freiheit und Sicherheit fechten.
Alles für das deutsche Volk! mit dem deutschen Volke! – gegen dessen Feinde und Unterdrücker.
Gruß und Bruderschaft!
Im Namen der deutschen demokratischen Legion von Paris,
das Comité, Georg Herwegh. Straßburg, den 15. April 1848.
aus: Zur Geschichte der deutschen demokratischen Legion aus Paris, a.a.O.

Ordre der provisorischen Regierung Heckers an die Ortsvorstände im Seekreis.

Das Volk hat sich erhoben, seine Rechte zu erkämpfen, und den Zustand der so lang ersehnten volkstümlichen Regierungsform zu erringen, daher beauftragen wir obgenannte Vorstände, bis Morgen, Sonntag den 16. April, früh um 8 Uhr ihre waffenfähigen Bürger vom 18. bis 30. Jahre nebst allen Freiwilligen späterer Jahre, mit den nötigsten Geldmitteln und Proviant für 6 Tage versehen, zu dem Volksheere in Donaueschingen stoßen zu lassen.

Wir bemerken noch obbenannten Behörden, daß wir sie für *strengen* und *eifrigen* Vollzug *vor dem Volke* verantwortlich machen werden und Alles anwenden, den *Säumigen,* wie den *Verrätern am Volke,* vor *diesem* zur *nachsichtslosen Rechenschaft* zu ziehen.
Diese Ordre ist an alle Gemeinden ringsum durch Stafetten zu verbreiten, *da wir nur zu wohl wissen,* daß *Feigheit* und *Verrat* unsere Schritte zum Wohle des Volkes zu vereiteln suchen.
Geisingen, den 15. April 1848. Die provisorische Regierung. Hecker.

Hecker:
Schnee bedeckte Sonntag den 16. April die Berge und die Thäler, die Stimmung war gedrückt, Viele bekamen Durchfall und wurden auf Wagen, welche uns die Landleute, wie überall mit größter Bereitwilligkeit und Herzlichkeit boten, nachgeführt, es war ein kalter, nasser und schwieriger Tag und erst in Füzen hellte sich das Wetter und die Stimmung auf. Die Männer von Füzer gelten für verwegene Wildschützen, welche mit dem Stutzer gut umzugehen wissen, wir rechneten auf ihren Zuzug. Ein Wehrmann, welcher sich betrunken hatte, wurde entwaffnet und von der Kolonne fortgejagt, wie wir denn überhaupt darauf hielten, daß Ordnung herrsche und übermäßiges Trinken nicht geduldet werde. Hierbei muß ich sagen, daß an einer wahrhaft musterhaften Ordnung, an Heiterkeit, schönem vielstimmigem Gesang, Mäßigkeit, Ausdauer und Tapferkeit kein Fähnlein das der Konstanzer Arbeiter übertraf und mit inniger Freude denke ich dieser wackern und gebildeten Männer und ihres braven Führers.
In Stühlingen wurden wir kalt empfangen; man hatte sich alle Mühe gegeben, uns fast wie eine Hunnenhorde zu schildern; man bot uns Wein und Brod mit einer Hast an, daß man sah, es geschehe nicht aus gutem Herzen. Keine Stadt zeigte solch eine Stimmung. Das war das Werk des Advokaten Grüninger, der noch kurz zuvor den Aufstand förmlich gepredigt, agitirt, geschürt und gehetzt hatte, aus Stühlingen vor uns entwichen war, wie er dann überhaupt meine Begegnung vermied. Er war in den Aufstandsplan eingeweiht, er half ihn fördern, er ist ein feiger Verräther geworden.
Struve und ich sprachen zu dem versammelten Volke; die Stimmung schien sich zu ändern und in der That zogen später von

Stühlingen Bewaffnete zu Sigels Kolonne. Die Erbitterung des Landvolkes über die Städte, von welchen die Agitation ausging, die dasselbe fortwährend angingen, bearbeiteten, Verbindungen schlossen und die dann vor der That zurückschreckten, war nicht gering, und ist es heute noch.
aus: Dr. Fr. Hecker, a.a.O.

Emma Herwegh, Georg Herweghs Frau:
Um Mittag kam ich in Engen an, grad im Moment als das Signal zum Abmarsch gegeben wurde.
Da mir's Glück wohl wollte, fand ich die ganze Heeresmacht noch beisammen, die in 24 Stunden von etlichen 40 auf 600 Mann herangewachsen war, die Kavallerie nicht zu vergessen, welche aus einem Pferd und mehreren Reitern bestand.
Im Dorfe sah's aus, als wär Kirchweih, oder sonst ein großes Fest. Von dem Freiheitsbaum, der mitten auf dem Kirchplatz errichtet war, wehte die deutsche Fahne, alle Bauern waren mit weit aufgesperrten Augen und Mäulern herbeigelaufen, um, wie sie ihn einstimmig nannten, den »Volksfreund Hecker« zu sehen, der auf offenem Markte so ergreifend zu ihnen gesprochen hatte, daß die Mütter sämtlich weinten, die Väter sich vor Rührung den Schweiß von der Stirn wischten, und die jungen Burschen selbst aufforderten, sich enroliren zu lassen. Das gab alle Hoffnung, daß die republikanische Armee um das Doppelte verstärkt Abends ihren Einzug in Donaueschingen halten werde, wohin Herr und Frau v. Struve bereits vorausgeeilt waren.
Ich ließ mich zu Hecker führen, den ich bis dahin noch nie gesehen hatte und teilte ihm Folgendes mit:
Der größte Teil der deutschen Legion ist in Straßburg versammelt und die noch fehlenden Kolonnen müssen in den nächsten Tagen eintreffen.
Alle brennen vor Ungeduld, die Grenze zu überschreiten und sich ihren Brüdern anzuschließen. Sie sind des Wartens schon jetzt, wo sie die Reisestrapazen kaum ausgeschlafen, so überdrüssig, daß Herwegh die größte Mühe hat, sie von einem coup de main zurückzuhalten und ihnen begreiflich zu machen, daß unser nächstes Ziel die Vereinigung mit Ihnen ist und jeder improvisierte und isolierte Streich ein Verrat an der Freiheit wäre.
Sie wollen sich à tout prix schlagen, wenn nicht gegen Menschen, so gegen Windmühlen, und da es ein Jammer wäre, wenn so viel

guter Mut und so viel Kraft verloren gingen, denn die Menschen werden sich, wann's not thut, wie Löwen schlagen, so bestimmen Sie Herwegh möglich schnell: Tag, Ort und Stunde des rendez-vous.

Hecker selbst, konnte Herwegh weder den Tag noch den Ort der Vereinigung genau bestimmen, gab mir aber folgenden Bescheid: Gehen Sie zu W. nach L. und sagen Sie ihm von mir, daß er sich mit seiner Mannschaft Montag, den 17. in Bewegung setzen soll. Von ihm zum Wirt M. in G., der hat ebenfalls mehrere hundert Mann, auf die er rechnen kann, und die sich auf die erste Nachricht von W. mit ihm vereinigen müssen. Dann suchen Sie Becker auf, der an der Spitze der Deutschen in der Schweiz steht, und verabreden mit ihm, daß er sich ohne Aufschub den beiden übrigen Korps anschließt, und so Herwegh den Rheinübergang möglich macht. Wo der am leichtesten auszuführen, werden jene, die in der Nähe sind, dann schon bestimmen, und Herwegh die nötigen Depeschen ungesäumt zukommen lassen. Auf Wiedersehn! und ein glückliches Widersehn!

Nach diesem Bescheid trat ich ohne Zögern meine Rückreise nach Straßburg an, wo ich Sonntag Nachmittag eintraf. Unterwegs teilte mir ein Bürger aus Heidelberg mit, daß es auch dort nicht an entschlossenen Republikanern fehle. 1200 junger Leute, so erzählte er mir, meistens Handwerker und Studenten warten nur auf ein Signal von Hecker, um nach Karlsruh zu ziehen. Die Waffen fehlten uns noch. Nun komme ich aber schon heut mit 900 guten Büchsen zurück, die ich in der Schweiz aufgekauft und die übrigen 300 werden uns binnen wenigen Tagen nachgesandt. Dann kann's losgehen!

aus: Zur Geschichte der deutschen demokratischen Legion aus Paris, a.a.O.

Hecker:

Der Marsch, den wir nun antraten, war ein sehr beschwerlicher, über steile Berge und tiefe Schluchten. Bei Glashütte hielten wir einen Moment Rast, denn nun sollte erst der schlimmste Theil des Weges beginnen. War es auf diesen Höhen des Feldberges schon empfindlich kalt, so begann nun ein Regen-, Schnee- und Hagelsturm, wie ich ihn kaum je erlebt habe, so daß alle durch und durch geweicht wurden; der Wind brauste, daß er uns fast umriß, die Bäume beugten sich, schlugen die Wipfel zusammen und krachten, dabei mußte man durch einen viele Fuß tiefen Winterschnee, zu welchem der frischgefallene hinzugekommen war, die steile Kuppe hinanklimmen und waten, unsere Wagen mußten, um nicht um- und in die Tiefe zu stürzen, von den Wehrmännern gestützt und gehalten werden, und dennoch, gleich als wollten sie dem Himmel trotzen, stimmten sie ein Lied der Freiheit an, riefen sich Scherzworte zu oder spotteten über unsere Noth; den Zug, wie er heranklomm von der Höhe zu übersehen, bot einen wildromantischen Anblick dar: da zogen die Schützen die Stutzer unter dem Arm voraus, da klimmten die Fähnlein mit ihren Bannern auf steilem Pfade empor, da schienen die Wagen von den Wehrmännern getragen zu werden, dazwischen Gesang, Zuruf, Lärm; wir verglichen unseren Zug scherzweise mit dem der Franzosen über den St. Bernhard.

Als wir Menzenschwand, was tief unten im engen Thale liegt und mit seinen breiten Strohdächern, seiner wilden Umgebung das sprechendste Bild eines Dorfes des rauhen Schwarzwaldes darbietet, erreicht hatten, ließ die Heftigkeit des Wetters für einen kurzen Moment nach, um bald wieder zu beginnen. Eben bogen wir in einen düstern Tannenwald, als ein Reiter heransprengte, vom Pferde stieg und nach mir fragte; der Angekommene, in welchem ich den jungen Posthalter von Lenzkirch erkannte, eröffnete mir und Willich, daß zwei Mitglieder des Fünfzigerausschusses, Spatz und Venedey uns aufsuchten, und bat mich, mit ihm zurückzukehren. Ich hielt die Sache Anfangs für einen Scherz, und erklärte ihm endlich nach seinen wiederholten Versicherungen: daß, wenn jene Beiden uns zu sprechen wünschten, sie uns im Dorf Bernau treffen könnten.

Mit dieser Antwort begab er sich hinweg und wir langten in der Dunkelheit in Bernau völlig durchnäßt und durchkältet an. Mit Herzlichkeit nahm man uns auf, brachte unsere ermüdeten Leute unter und da alle unsere Habe triefte, so lieh man uns Kleidungsstücke. Ich trug ein geliehenes Hemd, einen dicken Mantel und Pantoffeln, der Andere einen Bauern-Kittel, Hosen die nicht paßten und entliehene Fußbekleidung, und in den abenteuerlichsten Trachten saßen die Anführer um den Tisch und erquickten sich bei Wein und Brod; fast ausgelassene Heiterkeit und witzige Reden würzten das Ende des mühevollen Tages, da traten in der That Anwalt Spatz aus Frankenthal und der ehemalige Flüchtling und Herausgeber des »Geächteten«, Venedey in die Stube und fragten nach mir.

Sie schienen etwas betroffen über die fröhliche Stimmung und den guten Muth, nicht minder über unser Costüm und verlangten, mich allein zu sprechen, was ich ablehnte, und sofort in unserem Schlafzimmer die republikanischen Anführer versammelte; nun boten uns diese Herren im Namen des Fünfzigerausschusses volle Amnestie an, wenn wir die Sache der kämpfenden Republik verlassen und auf das redenhaltende Feld uns begeben wollten, auf welchem jener Ausschuß so tapfer gegen Italien, für Tyrol, gegen die Dänen, für die deutsche Flotte, gegen die Monarchie und gegen die Republik gefochten und Lorbeeren errungen hat, welche trefflich bei Saucen benützt werden können.
Mit indianischer Ruhe hörten wir die Herren an und erklärten: wir bedürften dieser Amnestie der 50er nicht, wir seien in der Rath- und Thatlosigkeit der Zeit, wo man das deutsche Land mit Reden zu flicken gedachte, für die Befreiung unseres Volkes von dem Elende von 34 Fürsten mit dem Schwerte ausgezogen und wollten dabei beharren. Wir böten aber im Namen des deutschen Volkes den 34 Bedrückern Amnestie an für den Fall, daß sie binnen 14 Tagen der unrechtmäßigen Herrschaft entsagen, das Volk in sein angestammtes Recht einsetzen wollten; für diesen Fall sollten sie mit ansehnlichem Vermögen in das glückliche Loos von Privaten zurücktreten und als nützliche Bürger leben können.
Die beiden Herren Bürger sahen ein, daß mit uns, wie sie sich ausdrückten, nichts anzufangen sei. Ich forderte sie auf bei uns zu bleiben und statt leeres Stroh in Frankfurt zu dreschen, mit uns zu ziehen, sie würden nicht nur nach 24 Stunden ihres Entschlusses sich selber freuen, sondern auch auf Deutschland und dessen Erhebung zur Freiheit mächtig wirken. Sie lehnten dieses ab und als einer unserer Anführer unter der Miene des Ernstes den Vorschlag machte, sie als Geiseln bei uns zu behalten, und ich und Andere den Vorschlag für ganz praktisch erklärten, schien es ihnen doch etwas unheimlich werden zu wollen. Wir gingen dann allesammt in das Wirthszimmer hinunter, boten ihnen ein Glas Wein zum Anstoßen auf die deutsche Republik; mit Venedey anzustoßen weigerten sich mehrere der Anführer, und die beiden Herren Bürger machten sich sobald als möglich davon.
aus: Dr. Fr. Hecker, a.a.O.

Emma Herwegh:
Der 16. und 17. April waren jetzt auch verstrichen, ohne daß die verheißenen Depeschen oder irgend ein Lebenszeichen der verschiedenen Korps bis zu uns [nach Straßburg] gedrungen wäre. Wo Hecker sich aufhielt, wußte niemand, geschweige das Schicksal der Insurgenten. – Als der Morgen des 18. auch nichts brachte, ging ein dumpfes Murren durchs Lager.
Herwegh, der die Ursache dieser Unzufriedenheit wohl erkannte, und trotz des ewigen Treibens von allen Seiten, sich nicht hatte irre machen lassen, und keine Sekunde den klaren Blick über unsere Lage und das wahre Ziel unseres Wirkens aus den Augen verloren hatte, trat unter sie. Er fühlte, daß es an der Zeit, ihnen noch einmal klar und energisch auszusprechen, was sie in und seit Paris unzähligemal von ihm gehört, aber ebenso oft vergessen hatten, daß es auf ein bloßes Sichschlagen nicht nur nicht ankomme, sondern daß er dagegen im Namen der Freiheit laut protestiere, und ein Fall eintreten könne, wo der Legion nichts übrig bleibe – als sich aufzulösen. Wer dann von Euch mehr Lust hat, nach Schleswig-Holstein zu ziehen, oder für eine polnische Republik mitzukämpfen als friedlich in seine Heimat zurückzukehren, der mag es thun. Ihr seid freiwillig eingetreten, und seid ebenso frei, die Legion zu verlassen, wenn ihr wollt. Vereinzelt, so viel ist Euch allen klar, können wir nichts unternehmen, und hatten dies nie im Sinne. – Als wir Paris verließen, standen die Sachen in ganz Deutschland so, daß wir glauben mußten, es bedürfe nur eines kleinen Anstoßes, um die Revolution zum vollen Ausbruch zu bringen. Wir konnten nicht wissen, daß die rote Flamme, welche uns aus dem Vaterland entgegenleuchtete, nichts als der Wiederschein des großen Weltbrandes war, den Frankreich angezündet. Unsere einzige Hoffnung in diesem Augenblick ist die Insurrektion im Seekreis, schreitet sie vorwärts, und können wir uns möglichst bald ihr anschließen – desto besser – scheitert sie, dann bleibt auch uns keine Wahl, da unsere materiellen Mittel zu Ende gehen, und man uns hier schwerlich noch lange und in so großer Anzahl verköstigen wird. Aber wen schicken wir nun? Freiburg und die ganze Umgebung bis ins Höllenthal sollen mit Truppen besetzt sein. Mich, meine Herren, wenn's dem Präsidenten recht ist, und Sie mir die Botschaft anvertrauen wollen. Von Ihnen kommt Keiner durch, Sie würden festgehalten und dürfen jetzt Ihre Posten weniger als je verlassen. Mich, läßt man überall passieren.

Als mich Hecker [schließlich in Kandern] aussteigen sah, rief er aus: Sie sind's, Frau Herwegh? Na, Sie kommen grad recht, wir sitzen in der Mausfalle.
Wie das?
Von allen Seiten zieht sich das Militär zusammen, das wird einen heißen Kampf geben.
Aber das ganze Wiesenthal ist ja noch frei, sagte ich, und dann können Sie sich ja auch noch bis auf weitere Verstärkung auf die Höhen zurückziehen.
Das kann uns nichts helfen, wir müssen vorwärts! und mit diesen Worten führte er mich die Treppe hinauf bis ins Gastzimmer. Da sah's aber köstlich aus, grad wie in Wallensteins Lager. Hier eine Gruppe, dort eine Gruppe, einige lagen auf dem Boden, andere saßen im lebhaften Gespräche um Tische, wieder andere standen gedankenvoll an die Thürpfosten gelehnt. Dazu die vollste Anarchie in Betreff der Kleider und Waffen und was das Schönste war, mir wenigstens am besten gefiel, trotz des nahen Kampfes, den jeder vorher sah, die ungetrübteste Heiterkeit und kein einzig Leichenbitter-Gesicht. Mit Hecker war den Abend nicht viel anzufangen; wollte man ihn fünf Minuten auf derselben Stelle fixieren, so schlug er wie eine Flamme in die Höhe und verschwand. Dennoch mußte ich ihn sprechen.
Endlich nahm ich ihn einen Augenblick beiseite und sagte ihm: Der einzige Grund, weshalb ich Sie zum zweiten Male aufsuche, ist, um Sie nochmals in Herweghs Namen an Ihr ihm gegebenes Wort zu erinnern, und Sie aufzufordern, ihm unverzüglich den Vereinigungspunkt zu bestimmen. Ehe mir diese Antwort nicht geworden, kehre ich nicht heim. W. hat weder Ihrem Befehl, noch seinem Versprechen wegen der Depeschen Folge geleistet, unsere Mannschaft ist der ewigen Vertröstungen von einem Tage zum andern müde, und nicht mehr zu halten, und die materiellen Mittel sind erschöpft. Es bleiben uns jetzt nur drei Wege, entweder zu verhungern, auseinanderzugehen, oder uns Ihnen in kürzester Frist anzuschließen. Darum bitte ich um eine entschiedene Antwort.
So sagen Sie Herwegh, rufen könne ich ihn nicht, aber wenn er kommen wolle, und recht bald und in recht großer Anzahl, soll mir's lieb sein.
aus: Zur Geschichte der deutschen demokratischen Legion aus Paris, a.a.O.

Der Kommunismus scheint bei uns einzureißen, Feyerlen von Donaueschingen zieht Dolls Rock an, weil ein anderer den seinigen angezogen hat, ebenso laufen mehrere in fremden Stiefeln. Das Wetter ist ganz gut, wir ziehen um 2 Uhr Nachmittags nach Kantern, über eine sehr schöne Gebirgsgegend. In der Nähe von Kantern bekommen wir die Nachricht, daß badische Dragoner eingerückt sind. Ich gehe rasch herunter, finde aber schon keine Dragoner mehr vor, unterhalte mich mit einigen Leuten, bis unsere Scharfschützen da sind. Die Kirschbäume sind im unteren Wiesentale und im Kantertale in voller Blüte.
In Kantern trifft Frau Herwegh wieder einmal ein, sie sucht uns mit den deutschen Arbeitern zu vereinigen. Herwegh reist Nachts 1 Uhr ab. Wir befürchten die Nacht einen Ueberfall, der aber nicht stattfindet; ich schlafe im Gegenteil sehr gut.
Donnerstag den 20. April kaufe ich mir eine blaue Blouse, bezahle nichts im Wirthshause, gebe ein Trinkgeld, nehme mir von der sehr schönen Tochter einen Kuß und reise ab.
Aus dem Tagebuch des schwäbischen Revolutionärs Theodor Mögling

Hecker:
Donnerstag, der 20. April brach an. Erst um 8 Uhr setzte sich die Vorhut und die Hauptkolonne in Bewegung, als uns der Heranzug der feindlichen Heeresmassen gemeldet wurde.
Als unsere Kolonne von Kandern auszog, faßte sie auf den Höhen dicht vor Kandern Posto. Ich stand bei einem Fähnlein am Berge, als mir zugerufen wurde, Gagern wünsche mich zu sprechen. Ich begab mich auf die Straße, wo mir ein Kavallerie-Lieutenant, ich meine Kiefer, vom Dragoner-Regiment in Bruchsal, entgegenkam, und diese Mittheilung wiederholte. Ich stieg den Weg herab, begleitet von mehrern republikanischen Anführern, und traf mit Gagern auf der Mitte einer vor der Stadt Kandern befindlichen Brücke zusammen, wo er mich anredete: »Sie, d.h. die Republikaner, müssen die Waffen niederlegen,« was ich natürlich ablehnte; darauf fuhr er fort:
»Sie sind ein gescheidter Mann, aber ein Fanatiker«, worauf ich erwiederte: »wenn die Hingebung für die Befreiung eines großen Volkes Fanatismus ist, dann mögen Sie diese Handlungsweise also bezeichnen, dann gibt es aber auch einen Fanatismus auf der andern Seite, dem Sie dienen; übrigens bin ich nicht hier, um

hierüber zu streiten, sondern frage, ob Sie mir sonst etwas mitzutheilen haben.«

Hierauf entgegnete er mir: so werde ich mit aller Strenge gleich einschreiten, worauf ich erwiederte: und wir werden einem Angriff zu begegnen wissen, übrigens werden Sie uns (die Anführer) zuvor zu unsern Korps zurückkehren lassen; worauf er erwiederte: Allerdings. Nach diesem Zwischengespräch rief mir ein badischer Stabsoffizier (Kunz, wenn ich nicht irre) noch zu: »Ich beschwöre Sie, stehen Sie ab.« Damit hatte das Parlamentiren und der erste Akt der Handlung ein Ende.

Wir verließen nun unsere Position vor Kandern, sammelten unser Korps auf der Straße und marschirten vorwärts bergauf, ungefähr dreiviertel oder eine Stunde Zeit. In einiger Entfernung marschirten uns die Linientruppen, die Hessen voran, nach. So gelangten wir, nachdem also zwischen der Unterredung auf der Brücke 3/4 bis 1 Stunde verflossen war, auf die höchste Spitze des Berges, von wo dann die Straße sich bei Schlechtenhaus stets bergab gegen Steinen zieht. Hier mußten wir Position fassen, denn zogen wir bergab und ließen den Feind die Höhe besetzen, so konnte er uns von oben herab mit Geschütz-, Musketen-, Kavallerie-Chargen leicht werfen. Als die uns nachrückende Linie sah, daß wir Halt machten, hielt sie ebenfalls an, und wir stellten uns nun folgendermaßen auf: Ein Fähnlein rechts an der Straße (von Kandern aus gedacht) ein Fähnlein links, ein Fähnlein quer über die Straße, rechts von ihm am Waldrand sämmtliche Sensen und hinter dem ersten Fähnlein rechts von der Straße im Gebüsch die Reserve; zu beiden Seiten der Bergabhänge die Scharfschützen.

Die Gegner standen so, daß das hessische Fußvolk voranstand, wie man denn wohlweislich stets vermieden hatte, uns badische Truppen gegenüber zu stellen. Die Republikaner empfingen nun diese mit einem Zurufe, schwenkten die Mützen oder Hüte, riefen: »Kein Bürgerblut vergießen, Ihr seid unsere Brüder, es lebe die Freiheit, tretet in unsere Reihen,« und gleichzeitig traten aus unseren Reihen Männer vor, streckten die Hände aus, und schon traten aus den vorderen Reihen der Hessen 8–10 Soldaten vor, offenbar in der Absicht friedlicher Begegnung. Als dies bemerkt wurde, ritt Gagern vor, einer oder mehrere Oberoffiziere begaben sich ebenfalls vor. Die Soldaten traten in die Reihen zurück, nachdem er ihnen etwas zugerufen hatte; Feuer wurde kommandirt, ein Pelotonfeuer erfolgte, und nun erst schoß man republikanischer Seits; hätten wir zuerst schießen lassen, so wäre der Erfolg nicht zweifelhaft gewesen, denn es ist etwas ganz anderes bei kriegsungewohnten Truppen, die erste Salve geben oder die erste Salve ruhig aushalten. Erst nachdem nun gagern'scher Seits gefeuert worden, feuerten unsere Leute, es fiel Gagern, und fast gleichzeitig mit ihm fielen noch andere, verwundet oder todt, das konnte ich nicht unterscheiden.

Gefecht bei Kandern (im badischen Oberlande).

Nachdem sich Alles in buntem Durcheinander die waldigen Höhen hinanflüchtete, wurden wir von den hessischen Schützen verfolgt, welche uns Kugeln nachsandten, und besonders auf die blauen Blusen hielten. Ungefähr hundert und fünfzig Gänge hinter mir wurde ein Fliehender niedergeschossen und ich selbst vor Erschöfung genöthigt, mich niederzulassen, entging wie durch einen Zufall den zweimal in meiner Nähe vorüber tiraillirenden Schützen, vor welchen mich ein noch nicht belaubtes Buschwerk trennte. Unkundig der Gegend, erstieg ich die Anhöhen, ging dann einem Waldwege nach, verirrte und kam endlich todtmüde in einem Dorfe an, nachdem ich nichts als Wasser aus Waldbächen genossen hatte. Ich trat in ein Bauernhaus, in wel-

chem nur eine hochbetagte Frau anwesend war, beschäftiget, ihr weißes Haar zu ordnen. Ohne Umstände sagte ich ihr, daß ich einer der bei Kandern Versprengten sei und wie ich heiße. »Ich will euch ein Glas Wein holen und Brod auch,« war die Antwort, was ich dankbar annahm, und in meinem Leben hat mir nichts so köstlich gemundet, als diese Erquickung. Sie äußerte nun Besorgniß, es möchten Soldaten kommen. Nun fragte ich: Werdet ihr mich in diesem Falle verrathen? »Jesus Christus! nein,« sagte die gute Alte, »ihr seid ja für's Volk!«
Sie wollte nun ihren Sohn holen, und hieß mich in ein anderes Zimmer gehen, und dort ihre Rückkehr abwarten, schloß dasselbe zu und trippelte fort. Bald kam der Sohn, schüttelte mir treuherzig die Hand, reichte mir, als er den Zustand meines Hemdes sah, ein frisches Hemde, und auf mein Ansuchen, mir den Weg gegen Steinen zu zeigen, oder einen Führer mitzugeben, entgegnete er mir, ich müsse bis es düster werde, zuwarten, da die Gegend voll Soldaten stecke.
Mit einbrechendem Abend fuhr ich in einen dicken Bauernmantel gehüllt, und eine geliehene Mütze auf dem Kopfe, im schnellsten Trabe gegen Steinen.
Gegen Mitternacht gelangte ich glücklich auf Schweizerboden in Rheinfelden an.
aus: Dr. Fr. Hecker, a.a.O.

Das Heckerlied

1.
Wenn die Roten fragen,
Lebt der Hecker noch,
Sollt ihr ihnen sagen,
Ja, er lebet noch.
Er hängt an keinem Baume,
Er hängt an keinem Strick,
[: Sondern an dem Traume
Der roten Republik. :]

2.
Gebet nur, ihr Großen,
Euren Purpur her,
Das gibt rote Hosen
Für der Freiheit Heer.
Ja 33 Jahre
Währt die Sauerei.
Wir sind keine Knechte,
Wir sind alle frei.

3.
Wenn in Flammen stehen,
Kirche, Schul und Staat,
Kasernen untergehen,
Dann blüht unsere Saat.

Ja 33 Jahre
Währt die Knechtschaft schon,
Nieder mit den Hunden
Von der Reaktion!

4.
An den Darm der Pfaffen
Hängt den Edelmann,
Laßt ihn dran erschlaffen,
Hängt ihn drauf und dran.
Ja 33 Jahre usw.

5.
Schmiert die Guillotine
Mit Tyrannenfett,
Reißt die Konkubine
Aus des Pfaffen Bett.
Ja 33 Jahre usw.

6.
Fürstenblut muß fließen,
Fließen stiefeldick,
Und daraus ersprießen,
Die rote Republik.
Ja 33 Jahre usw.

Die Abteilung der Legion, welche über den Rhein geführt wurde, belief sich auf nicht mehr als ungefähr sechshundertundfünfzig Mann; als es ernst wurde, hatte sich eine Menge Leute heimlich entfernt. Die ganze Mannschaft war in sechszehn Kompanien eingeteilt, welche man durch die Zuzügler aus Baden bis auf hundertundzehn Mann jede zu komplettieren gedachte.

Herwegh und seine Frau zogen an unserer Spitze, letztere in Männerkleidung. Sie trug schwarze Tuchpantalons und eine schwarze Sammetbluse mit einem Ledergürtel, in welchem zwei kleine Terzerole und ein Dolch steckten, wahrscheinlich um ihren Dichter zu beschützen, der nur eine Doppelpistole mit sich führte, deren einer damaszierter Lauf gesprungen war, als ich sie mit der Patrone probierte, die mir Herwegh zu diesem Ende gegeben hatte. Als Kopfbedeckung trug Frau Herwegh einen breitkrämpigen, schwarzen Hut ohne Kokarde oder Feder; das blondbraune Haar war nach Männerweise geordnet. Ihre äußere Erscheinung war nicht eben auffallend, denn wir sahen alle abenteuerlich genug aus; man hielt sie für einen halbwüchsigen Jungen.

Der glücklich vollbrachte Uebergang über den Rhein machte mir und uns allen großes Vergnügen, besonders da wir wußten, daß seit vier Wochen ein bedeutendes Truppenkorps eigens zu dem Zwecke aufgestellt war, ihn zu verhindern. Der Bote, den uns Hecker an den Rhein schicken wollte, war nicht eingetroffen, und die erste Nachricht, die wir nach dem Uebergange erhielten, war die von dem tags zuvor bei Kandern vorgefallenen unglücklichen Gefecht. Der Grund des traurigen Ausgangs lag haupt-

sächlich in dem Umstand, daß Hecker zögerte, feindliche Maßregeln gegen die anrückenden Truppen zu ergreifen, deren Uebergang zu hoffen er gegründete Ursache hatte.
aus: Otto von Corvin, a.a.O.

Auf die Nachricht, daß Sigels Colonne sich von der einen Seite der Stadt nähere, von der andern die Truppen sich immer mehr um Freiburg concentrirten, und es außer allem Zweifel stand, daß hier ein entscheidenden Schlag geführt werden sollte, veranstalteten die Republikaner, um auf alle Fälle gerüstet zu sein, Samstag, 23. April, eine bewaffnete Volksversammlung. Etwa 1600 Mann erschienen, doch war die Bewaffnung schlecht und der Mangel an Munition groß.
Endlich brachte die Nachricht von Sigels Nähe die Leute in freudige Bewegung. Eine Schaar von 37 Mann erbot sich, Sigel und Struve entgegen zu ziehen, und ihnen Bahn zu brechen. Unter dem Jubel des Volkes zogen sie ab.
Inzwischen zog die kleine Schaar, unter der etwa 20 Scharfschützen waren, zum Schwabenthor hinaus. Kaum hatte sie dieß im Rücken, als sie ungefähr 60–70 Mann badisches Fußvolk erblickten, das sich im Güntersthaler Wald verlor, und sie wahrscheinlich in der Meinung, daß noch mehr Volk nachkommen würde, ruhig vorüberziehen ließ. So gelangten sie ungestört in Sigels Lager.
Sigel selbst war nicht anwesend; er war einige Stunden weit zurückgeeilt, um die Pässe von Todtnau gegen die heranrückenden Württemberger zu besetzen, und so den Marsch der herbeieilenden Corps unter Doll und Mögling und der Herwegh'schen Colonne zu decken und zu sichern.
Struve stellte sich also an die Spitze der 3 ersten Banner Sigels und marschirte auf Freiburg los; kaum aber hatten sie das offene Feld betreten, so wurden die meistens mit Sensen bewaffneten Leute durch Kartätschen empfangen, und büßten durch die Flucht den Fehler, ohne Befehl und in Abwesenheit der militärischen Anführer losgeschlagen zu haben.
Unterdessen war Sigel zurückgekehrt, und stellte seinen aus 3–400 Mann bestehenden Banner am Berge gegen Horben und auf den nach Günthersthal führenden Wegen auf, und entwikkelte ein Tirailleurgefecht. Der Feind, Hessen und Badenser, stand am Waldesrand, und das frischsproßende Laubholz ent-

zog ihn einigermaßen unseren Blicken, während wir in einem ausgeholzten Schlage und auf den Wegen aufgestellt, den feindlichen Kugeln ausgesetzt waren, wäre nicht die Entfernung für Musqueten zu groß gewesen. So wogte der Kampf mit wechselndem Glücke hin und her.
Endlich kam Doll mit ungefähr 50–100 Mann Schützen, warf sich auf das Dorf Güntersthal, warf die darin stehenden Compagnien des 2. Infanterie-Regiments in den Wald zurück, und drohte nun, den gegen Sigel kämpfenden Hessen in den Rücken zu fallen. Das ganze royalistische Heer zog sich nun in Unordnung und Eile zurück und ließ Sigel und Doll Herren der Wahlstatt sein. Doch zogen die Letzteren, da kein Zuzug aus der Stadt erschien, und sie selbst zu Verfolgung des Feindes zu schwach waren, in ihr altes Lager nach Horben zurück.
In Freiburg hatte man indessen etwa gegen 2 Uhr das republikanische Heer, etwa 500 Mann stark, aus dem Walde herauskommen sehen. Nun Jubel und Hurrahgeschrei!
So verging die Nacht unter unausgesetzter Arbeit und erst der heranbrechende Morgen sah die Leute sich zerstreuen, um in kurzer Ruhe Kraft zum erneuten Kampfe zu suchen. Da krachten plötzlich, ohne daß eine Aufforderung zur Uebergabe vorhergegangen war, Musketenschüsse in die Stadt. Es galt den schwachbesetzten Barrikaden Verstärkung zu senden.
Die Barrikade an der Jesuitengasse war durch 12 Mann mit Gewehren, 18 Sensenmänner und eine Kanone, die 3 Mann zur Bedienung hatte, vertheidigt, und 2 Stunden hielt sie sich gegen 1500 Nassauer.
Am Zähringerthor, wo eine Kanone stand, die Kartätschen schoß und 20 Schützen den Posten vertheidigten, wurden die Nassauer dreimal geworfen.
Den Eingang des Breisacher Thors deckte eine starke Barrikade aus Pflastersteinen, 12 Mann standen dahinter, 12 weitere waren im obern Stock des Thurmes; das dreistöckige, daranstoßende Andlaw'sche Haus hatte eine Besatzung von 16 Mann. Dagegen eröffneten 2000 Mann Hessen und Nassauer, die Hessen mit zwei Kanonen ihr Feuer. Das Bardenstein'sche, das Andlaw'sche Haus und der römische Kaiser erlitten beträchtlichen Schaden. Dennoch konnten die Truppen keinen Schritt gewinnen, und die Schützen hielten sie immer in gehöriger Entfernung. Da drangen sie durch das Predigerthor und die Jesuitengasse und wir mußten weichen. Eine Kanone ohne Munition, die

ein zerschossenes Rad unpraktikabel gemacht hatte, wurde vernagelt; um halb zwölf Uhr verließen wir das Chaos, und die einrückenden Hessen konnten ihren Muth am Andlaw'schen Hause kühlen und die darin versteckte Mannschaft zu schändlicher Mißhandlung herausziehen.
In ein Gärtnerhaus, bei den drei Königen, in welchem sich eine alte Frau und ein Kind befand, wurden zuerst von den Soldaten gegen hundert Schüsse durch Thüre, Fenster hindurch gethan und die wehrlosen Bewohner getödtet.

Einnahme von Freiburg im Breisgau.

Eine alte Frau, welche in der Webergasse die Fensterladen aufmachte, wurde mit 6 Schüssen durch Nassauer Soldaten, ohne den mindesten Grund und Anlaß, auf das Gräulichste getödtet, der Schädel total zerschmettert.
Im Hause der Frau Bader hatten sich zwei Leute, der eine im Keller, versteckt, er wurde mit dem Bajonnette durchstoßen, der andere aus dem Kamine, wohin er sich versteckt hatte, heruntergeschossen.
Aus einem Gartenhause war während des Kampfes geschossen

worden. Als der Kampf vorbei war, wollte ein junger Mensch, ein Schreiber, welcher bei der ganzen Sache unbetheiligt und unbewaffnet war, das Haus verlassen, wurde aber beim Heraustreten von einem Lieutenant mit dem Degen durchrannt, und indem dieser den blutigen Degen zurückzog, rief er: der hat genug; worauf die Soldaten mit den Bajonnetten das Uebrige thaten und den zuckenden Körper in den Keller stürzten.
Einem am Kopfe verwundeten Gefangenen stießen die Soldaten den Kopf an die Mauer und schlugen ihm ins Angesicht.
Die getödteten Republikaner wurden öffentlich zur Schau ausgestellt. Ein Trupp Soldaten ging hin, sie zu besichtigen und ein Soldat sagte: so sollten die Hunde alle bei einander liegen! und als er näher trat, lag sein Vater unter den Vordersten der todten Republikaner; eine Kugel hatte ihm die Brust zerschmettert.
aus: Dr. Fr. Hecker, a.a.O.

Von den Unfällen bei Freiburg und Güntherstal konnten wir noch nichts wissen, da diese Gefechte erst am Tage unseres Rheinüberganges stattfanden; wir waren daher, trotz Heckers Niederlage, guten Mutes und beschlossen, über Tannenkirchen und Kandern nach Todtnau zu marschieren, aber so viel wie möglich jedes Zusammentreffen mit dem Feinde zu vermeiden, da mir die Verbindung mit der unter Sigel und Struve versammelten Insurgentenarmee wichtiger erschien als alles andere. Nach Todtnau beschloß ich aber unsern Marsch zu richten, da man uns versprochen hatte, daß wir hier oder in Zell Waffen für unsere unbewaffneten Leute erhalten sollten.
[Als wir von Freiburg hörten, versuchten wir], über die Münsterhalde, die Dörfer Mutten und Nieder- und Obermünstertal nach Todtnau zu marschieren. Des Weges vollkommen kundige, zuverlässige Führer führten uns sehr romantische, aber sehr beschwerliche Straßen, die bald durch fußtiefen Schnee, bald durch Wasser, bald durch Steingeröll fast ungangbar waren. Der Wagen konnte uns auf ihnen nicht folgen und mußte gebahntere Wege aufsuchen. Endlich stiegen wir ins Münstertal hinab durch ein in dasselbe mündendes, enges Seitental. Die Legion machte auf dem Abhang des Berges Halt, während ich rechts und links Seitenpatrouillen abschickte, welche mit großer Gewandtheit ihre Aufgabe erfüllten, so daß ich für einige Zeit mit der militärischen Ordnung unseres Zuges zufrieden war. Ich stand auf

einem nahe der Mündung dieses Seitentales liegenden Felsblock und war überrascht von der sich dem Blick darbietenden, wildromantischen Szene. Im Vordergrunde der mächtige Felsblock, auf welchem ich stand, gestützt auf meinen Pallasch, der mir während des Marsches als Wanderstab dienen mußte, am Fuße des Felsens Herwegh, der mit seinem schwarzbärtigen Gesicht, dem breitrandigen Hut und dem faltenreichen schwarzen Mantel wie ein italienischer Räuber aussah, neben ihm seine nicht minder eigentümlich aussehende Frau und Feldmarschall Börnsteins lange Feldwebelgestalt, mit steifaufgekremptem weißen Freischärlerhut und Paletot. In angemessener Entfernung hinter uns eine Gruppe von Adjutanten und Ordonnanzen und links vor einem die Halde herabschäumenden Waldbache auf der Höhe, halb durch Felsen verdeckt, die Spitze unserer Legion, die malerisch genug aussah. An der Spitze flatterten die schwarzrotgoldenen Fahnen gegen die Sensen der bärtigen, grimmig aussehenden Träger mit ihren weißen Blusen und grauen, federgeschmückten Freischärlerhüten. Die Staffage paßte trefflich zu der wilden Schwarzwaldlandschaft.
Mit großer Vorsicht und Ordnung rückten wir endlich in das Dorf Mutten ein, welches mit Untermünstertal zusammenhängt. Mit großem Erstaunen sahen wir, daß sämtliche Häuser und hier und da selbst die Fensterladen verschlossen waren. Nur selten zeigte sich ein blasses ängstliches Gesicht hinter einer Fensterscheibe. Ein großer Teil der Einwohner, besonders Mädchen und Frauen, waren in die benachbarten Wälder geflohen, um den Greueln zu entgehen, welche ihnen von den vermeintlichen Franzosen drohten. An den Fenstern des an der Straße liegenden Gasthofes standen mehrere Leute, welche mit großer Besorgnis auf die vorüberziehende Avantgarde der Kolonne sahen; als ich sie aber deutsch anredete und ihnen versicherte, daß wir als Freunde kämen, da klärten sich die Gesichter der braven Leute auf, ja einigen traten die Tränen in die Augen. Die frohe Nachricht wurde sogleich durch das ganze Tal verbreitet, die Häuser öffneten sich und Lebensmittel wurden von allen Seiten auf die Straße gebracht. Die geflüchteten Weiber kehrten allmählich wieder zurück, und um sie nicht unnötig zu ängstigen, ermahnte ich unsere Mannschaft, so wenig wie möglich französisch zu reden. Die Leute befanden sich vortrefflich, wie immer, wenn sie hinreichend zu essen und zu trinken hatten.

aus: Otto von Corvin, a.a.O.

Emma Herwegh:
Nun, die Nacht ist bald vorüber, und morgen früh sind wir am Ziel, bei unseren Freunden. Mit dieser Aussicht beschwichtigte jeder sich und seinen nur halb gefüllten Magen. Herrlicher Trost! keine Stunde verging, als auch er auf die trübseligste Art zu Wasser wurde. Durch Mißverständnisse aller Art und Verzögerung von Depeschen, hatten die beiden Korps von Sigl und Struve, statt unsere Ankunft in Todtnau abzuwarten und dann erst vor Freiburg zu ziehen, am vorhergehenden Tage den Angriff ohne uns gemacht, und eine materielle Niederlage erlitten. Sämtliche Waffen waren in die Hände der Soldaten gefallen, die 3000 Mann unter Sigls Kommando bis auf 30 zusammengeschmolzen und alle übrigen entweder gefangen, oder in die vier Winde zerstoben, um sich, wenn's Glück ihnen geneigt, in der Schweiz wieder zu vereinigen.
Diese Trauerpost, welche unseren ganzen bisherigen Plan, all unsere frohen Hoffnungen mit einem Schlage vernichtete, erhielt Herwegh durch den Kassierer von Sigl, der gekommen war, ihm mit dieser Botschaft die Reste der Kriegskasse zu bringen.
Wenn die Sachen so stehen, sagte Herwegh, bleibt auch uns mit unserer kleinen schlecht bewaffneten Armee nichts übrig, als an einen möglichst schnellen und ehrenvollen Rückzug in die Schweiz zu denken, um uns dort auf neutralem Gebiet mit den Trümmern der anderen Korps zu vereinen, und in einem günstigeren Moment die Grenze gemeinsam zu überschreiten.
So setzten wir uns gegen elf Uhr in Bewegung. – Sternenloser hatte ich den Himmel nie gesehen, er hing wie eine schwarze dichte Masse finster über uns, die dem kleinsten Lichtstrahl den Durchblick wehrte. Mit vieler Mühe erreichten wir das Stadtthor, denn man konnte kaum seinen Vordermann, geschweige die Führer erkennen, welche uns den nächsten Weg übers Gebirg zeigen sollten, und schnell voran liefen. Wir baten um Laternen, fanden aber kein Gehör, bis sich endlich zwei alte, häßliche Frauen, halb durch unsere Bitten, mehr noch durch Drohungen bewegen ließen, uns etliche Laternen langsam herbeizuschleppen. – Lichter, die sich im Thal wie große Flammen ausnahmen, diese wurden unser Verräter! (Wie konnten wir auch nur vergessen, daß man weder von Pfaffen, noch von alten Weibern etwas annehmen soll?) sie entdeckten dem Feind unsere Flucht, und bezeichneten ihm genau die Richtung, welche wir einschlugen. – Um den württemberger Soldaten sicher auf die Spur zu helfen,

warfen unsere Führer, welche mit ihnen unter einer Decke steckten, zur genaueren Bezeichnung unseres ganzen Marsches Kieselsteine hinter sich und führten uns, um dem Feind den Vorsprung möglich zu machen, statt den direkten Weg, der nur drei Stunden von Rheinfelden entfernt, so geschickt neun volle Stunden kreuz und quer, daß wir statt um zwei Uhr morgens erst um zehn Uhr vormittags in Dossenbach ankamen, einem kleinen Dorf, dreiviertel Stunden diesseits des Rheines gelegen.
Hier lauerte ein neuer Verrat auf uns, und diesmal in Speck und Schinken, den die Bauern mit überraschender Zuvorkommenheit uns, noch ehe wir ihn verlangt, in großen Körben entgegentrugen. Herwegh ahnte das Unheil, und beschwor die Mannschaft, den Hunger nur noch auf Augenblicke zu überwinden. Mit Speck fängt man Mäuse, rief er ihnen zu, nehmt, ich bitte euch, den Vorrat mit in den Wald hinauf. Man stellt uns eine Falle! aber da war alles Reden umsonst. Endlich, nachdem der Hunger wenigstens zum Teil gestillt war, konnte es Herwegh nicht länger ruhig mit ansehen, und ohne weiter die Genehmigung des Generals oder des militärischen Kommandos abzuwarten, ließ er auf eigene Faust Generalmarsch schlagen und marschierte mit vorwärts. Ich folgte auf einem Leiterwagen, den man gegen Morgen herbeigeschafft, dem Zuge nach.
Gerade oberhalb Dossenbach liegt ein schöner Laubwald, den wir passieren mußten. Wir stiegen den Pfad hinan, aber je mehr wir uns dem Gehölz näherten, desto stiller wurde die Mannschaft. Es lag wie ein Gewitter auf Allen, und ich erinnere mich, daß ein junger Mann, kurz vor dem Gefecht, an meinen Wagen trat und mir halblaut zuflüsterte: »Frau Herwegh, ich glaube, wir können heute der deutschen Republik ein Requiem singen?«
Den Eingang des Waldes bildet ein großer, freier Platz, auf diesem hatten sich die verschiedenen Korps zum Frühstück gelagert, und etwa 40 Schritt davon in einem schmalen Seitenweg ließ ich meinen Wagen halten. – Plötzlich wird, ohne irgend einen Versuch zu parlamentieren, wie dies bisher den anderen Freikorps gegenüber nie versäumt worden war, und worauf Herwegh in diesem Falle sicher eingegangen wäre, weil ihm bei der schlechten, mangelhaften Bewaffnung, und gänzlichen Erschöpfung der Mannschaft Alles daran gelegen sein mußte, ein isoliertes Gefecht zu vermeiden – auf unsere Vorposten geschossen. Im selben Moment springt auch schon ein Bote atemlos zu Herwegh, der in der Nähe meines Wagens stand, um ihm zu

melden, daß der Offizier unseres ersten Vorpostens, Muschacke, bereits tödlich verwundet ist. Bei dieser Nachricht erhebt sich die ganze Legion wie ein Mann. Wer denkt an Hunger, wer an Schlaf! wie rasend schlägt unser Tambour (ein Franzose) den Wirbel und mit dem einstimmigen Schrei: Aux armes! aux armes! stürzen alle zum Wald hinaus, dem Feind entgegen, der am Abhang des Hügels hinter Steinhaufen verschanzt lag.
Von irgend einem militärischen Kommando war in diesem Augenblick, dem einzigen, während des ganzen Zuges, wo es unentbehrlich gewesen wäre, keine Rede. Der General hatte den Kopf verloren, und sah aus der Ferne gelassen mit an, daß die Unseren sich dem Feind in die Arme warfen, statt ihn in den Wald zu locken, wo das Ganze auf ein Tirailleurgefecht hinausgelaufen wäre, in dem wir durch die bessere Stellung begünstigt, alle Vorteile gehabt hätten. Auf diese Weise hingegen entspann sich kein geregelter Kampf, sondern ein großes Duell.
Die Sensenmänner, angeführt von Reinhardt Schimmelpennig, einem wackeren jungen Offizier, gingen zuerst ins Feuer und schlugen sich mit beispiellosem Mut. Beim Anblick der Sensen wichen die württembergischen Söldlinge entsetzt zurück. Schimmelpennig verfolgt sie mit seinem Bataillon fast bis in Thal – eine Kugel trifft ihm dem Leib – dennoch rafft er sich auf, streckt zwei Soldaten nieder, haut dem Kapitän Lipp vier Finger der rechten Hand durch und stürzt, nachdem er sich wie ein Löwe verteidigt, von mehreren Bajonettstichen getroffen entseelt zu Boden.
Mit dem Verlust des Führers steigert sich der Mut jedes Einzelnen aus seiner Mannschaft bis zur Verzweiflung. Sie wollen den geliebten Toten würdig rächen und stürzen immer weiter den Hügel hinab, dem Feind nach. Schon fliehen die Soldaten. Da heißt's: Sensenmänner zurück, erstes und zweites Schützenbataillon voran. Kaum hört Herwegh diesen Befehl, als er ohne einen Augenblick zu verlieren, alles, was nur an Pulver und Kugeln vorhanden, vom Bagagewagen abpacken und den Kämpfenden zutragen läßt.
Der Kampf wird von Sekunde zu Sekunde erbitterter, der Tambour schlägt immer wilder die Trommel, die Republikaner zielen meisterhaft, aber was hilft's – bald ist die letzte Patrone verschossen. Einige Schützen, welche nicht wissen, daß ihnen Herwegh bereits aus freiem Antrieb bereits sämtlichen Vorrat zugesandt hat, verlassen die Reihen, um sich selbst ihre Munition zu holen. Dies Entfernen nehmen die übrigen für ein Signal zum

allgemeinen Aufbruch und folgen nach, so löst sich das Gefecht ebenso grundlos, als es überhaupt angefangen, indem sich beide Teile zurückziehen. Die Unseren mit Verlust von acht, die Württemberger mit dem von 40 Toten.
Jetzt, nachdem Alles vorüber, springt Delaporte mit einem Teil seines Bataillons auf Herwegh zu, beschwört ihn, sich schleunigst zu retten, da die Württemberger schon von allen Seiten nach ihm spähen, und einen Preis von 4000 fl. auf seinen Kopf gesetzt haben. Zu gleicher Zeit eilen auch noch andere herbei, uns ihre Bedeckung anzubieten. Nur mit größter Mühe gelingt es Herwegh, sie zurückzuhalten. Er weiß, daß Jeder, der sich uns anschließt, der Gefahr doppelt ausgesetzt ist, und lehnt deshalb dankend, aber entschieden jedes Geleit ab.
aus: Zur Geschichte der deutschen demokratischen Legion aus Paris, a.a.O.

Es war etwa zwei Uhr, als wir am Ausgange des Waldes anlangten; vor uns lagen der Rhein und am Ufer desselben das Dorf Beugen, rechts von demselben Karsau, zwischen uns und diesen Dörfern erstreckte sich jedoch freies Feld.
Die Kraft unserer halbverhungerten Leute, die wirklich außerordentliche Anstrengungen ausgehalten hatten, war nun gänzlich erschöpft; sie sanken unter den Büschen nieder und schliefen meist augenblicklich ein. Während des anderthalb Stunden dauernden Gefechtes sind einige dreißig unserer Leute gefallen, doch wurden in Dossenbach selbst, wie mir Augenzeugen erzählten, nur neun begraben; man fand die übrigen wohl später. Mehrere der Fliehenden ertranken im Rhein, als sie schwimmend die Schweiz erreichen wollten; einen hängten die Württemberger im Walde. Diese waren durch ihren ziemlich bedeutenden Verlust erbittert und benahmen sich mit einer Grausamkeit, die mir bei den sonst gutmütigen Schwaben sehr auffallend war. Der eine Wagen mit den Verwundeten fiel in ihre Hände. Sie ermordeten nicht nur diese, sondern auch den armen Bauer, welcher sie fuhr, und stachen sogar die Pferde tot!
Der Wagen, auf dem Herweghs sich befanden, war durch meine Veranstaltung glücklicherweise voraus, und so gewannen sie einen Vorsprung vor den Württembergern, die ihnen wahrscheinlich das Schicksal der Verwundeten bereitet haben würden.
aus: Otto von Corvin, a. a. O.

Emma Herwegh:
Wir klopfen an die erste Bauernhütte, und flehen um ein Asyl, sei es auch noch so schlecht. Wenn Ihr ein Schälchen Café wollt, war die Antwort, das können wir Euch geben, denn Ihr seid gewiß durstig, aber beherbergen können wir Euch nicht, Ihr müßt halt ins Saatfeld gehen.
Schöner Trost! Während wir wohl eine halbe Stunde mitten im Korn versteckt liegen, sprengt eine Escadron Ulanen nach der andern, immer dicht am Acker vorbei, um Herwegh ausfindig zu machen. »Wenn wir ihn finden, soll's ihm schlecht gehen, an dem andern Lumpenpack ist uns nichts gelegen«, so fluchten diese rohen Schwaben vor sich hin. Nach einer Weile wird es still. Ich hebe den Kopf aus dem Korn, um die nächste Umgebung zu recognoscieren, und um zu sehen, ob wir ohne Gefahr weiter wandern können, – aber vor uns lag nichts als eine weite, heiße Ebene, so recht behaglich, und von allen Seiten von der Sonne beschienen, und eh' wir die passiert und das ferne Gebirg erreicht hatten, konnten wir tausendmal in die Hände unserer Feinde fallen. Wagen wir's dennoch, rief ich endlich, Herwegh, sicher sind wir ja hier ebensowenig als irgendwo, und so weit ich sehen kann, ist nirgend ein Soldat.
Eben als wir das Feld verließen, sprang ein Bauer auf uns zu. Im ersten Augenblick glaubten wir uns verraten, aber er kam uns freundlich näher, und bot uns ein Obdach in seinem Hause an. Wir folgten ihm so schnell, als nur irgend möglich, aber mich trugen meine Füße kaum, und als wir seine Wohnung erreicht, sanken mir fast die Kniee zusammen. Sein Weib und seine Tochter empfingen uns schon auf der Schwelle, und Jedes sann nach, wie uns am besten zu helfen wäre. Folgt mir auf den Boden, sagte endlich der Bauer, – dessen Namen ich verschweige, um ihn als Dank für diesen unvergeßlichen Dienst, nicht der Gefahr preiszugeben – und wechselt schnell Eure Kleider, und wenn das geschehen, schicke ich Euch beide ins Feld arbeiten, bis der Abend kommt und bessern Rat schafft. Der Mann holte für Herwegh, die Frau für mich alte Bauernkleider, und so wollten wir gerade die unsern abstreifen, als wir aus der Ferne Pferdegetrappel hörten. Das sind die Württemberger, schrie unser Wirt, wenn die Euch hier finden, sind wir Alle verloren. Bleibt indeß ruhig hier, ich will hinuntersteigen, und wenn Ihr mich mit vielem Lärme die Treppe herauf kommen, und an der Bodenthür schließen hört, so nehmt es als Zeichen, daß sie mir folgen, und

sucht Euch schnell hinter die Fässer, oder sonst wo zu verbergen. Die Ulanen sprangen heran, umzingelten das Haus und riefen dem Bauer, der sie auf der Schwelle der Wohnung empfing, zu: »Wenn Ihr den Herwegh und sein verfluchtes Weib, das ihm in Manneskleidern folgt, bei Euch versteckt, und wir finden sie, so werden sie auf der Stelle massakriert, und Euch zünden wir das Haus über dem Kopfe an.«

Eine herrliche Aussicht für uns, die wir jedes Wort hörten. Geräuschlos und schnell suchen wir uns hinter einigen Fässern, die in einem finstern Winkel aufgetürmt lagen, zu verschanzen, da zerbricht Herwegh im kritischen Moment, wo nur die lautloseste Stille uns Sicherheit bieten konnte, mit fürchterlichem Lärmen, den Boden eines kleinen Fasses das vorgeschoben lag, und er übersehen hatte, und wir geraten beide trotz der verzweifelten Lage, in solches Lachen, daß ich noch heut nicht begreife, wie uns das nicht den Hals gekostet. Jetzt fing das Examen an, aber unser Bauer leugnet standhaft, und protestiert so energisch gegen den Verdacht, als werde er sich dazu hergeben, Rebellen zu retten, daß die Soldaten gläubig weiter reiten, und ihm nur noch zurufen: Wir kommen bald zurück, werden uns dann einquartieren, und Haussuchung bei Euch halten. Durch diesen Aufschub gewannen wir die nötige Zeit zu unserer Rettung. Herwegh ließ sich, um ganz unkenntlich zu werden, den Bart scheren, und zog alte Bauernkleider an, ich fuhr ebenfalls in ein Paar abgetragene, zerrissene Lumpen hinein, und so erreichten wir – jeder eine Mistgabel auf der Schulter – glücklich das Feld.

Drei volle Stunden arbeiteten wir dort, – Herwegh am einen, ich am andern Ende des Ackers. – Während dessen nahm das Schießen im fernen Wald kein Ende. Es galt den Fliehenden, die, statt sich in großer Anzahl und bewaffnet zu retten, in kleinen Rotten, zu zweien, dreien flüchteten, sich stundenlang unter dem Laub versteckt hielten, dann wieder plötzlich von den Soldaten aufgescheucht, weiter gehetzt wurden. – Uns war's, als solle uns das Herz zerspringen, und doch war unsere Lage nicht besser, nicht sicherer als die der anderen. Bei jedem Büchsenschuß fuhren wir auf, und sahen uns schweigend an. – Sprechen durften wir nicht miteinander, um bei den Bauersleuten der benachbarten Äcker nicht Verdacht zu erregen, oder die Augen der Kavallerie auf uns zu ziehen, die während des ganzen Nachmittags immer durch die Felder, und dicht an uns vorbeisprengte, um, wie der württembergische General B. später einem unserer gefangenen Freunde sagte: »die verfluchte Bestie, den Herwegh aufzufinden.« Die Freude sollte ihnen aber nicht werden. Nach Sonnenuntergang, als die Bauern heimzogen, und es still um uns her wurde, trug uns unser guter Wirt Wein und Brot aufs Feld, hieß uns die Hauptstraße nach Rheinfelden zu langsam ihm folgen, die er mit einem leeren Wagen mit zwei Ochsen bespannt schnell voranfuhr. Kaum hatten wir die Schwelle seines Hauses verlassen, als die verheißene Einquartierung wirklich angerückt war. Mit Entsetzen erzählte uns der Bauer, wie die Württemberger nicht den kleinsten Winkel undurchsucht gelassen, und selbst jedes Faß mit ihren Bajonetten durchstoßen hätten. Was wäre aus Euch geworden, und aus uns, fügte er hinzu, wenn Sie Euch dort gefunden? Darauf verließ er uns, und eine halbe Stunde später kam er uns mit seinem Wagen, und in Begleitung eines anderen Mannes (den ich ebenfalls nicht nennen will) entgegen, der uns an dem Württembergischen Posten auf der Rheinfelderbrücke vorbei führen sollte. Hätte man uns dort angehalten, so würde er uns für seine Tagelöhner ausgegeben haben. Aber die Schwaben merkten nichts, obschon wir ihnen mit unseren Heugabeln dicht an der Nase vorbeizogen, und so erreichten wir glücklich das Schweizergebiet, auf dem eine große Zahl der Unseren schon viele Stunden vor uns ein sicheres Asyl gefunden hatten.

aus: Zur Geschichte der deutschen demokratischen Legion aus Paris, a.a.O.

Das Guckkastenlied vom großen Hecker.

1.
Seht, da steht der große Hecker,
Eine Feder auf dem Hut,
Seht, da steht der Volkserwecker,
Lechzend nach Tyrannenblut;
Wasserstiefeln, dicke Sohlen,
Säbel trägt er und Pistolen,

2.
Und zum Peter saget er:
»Peter, sei du Statthalter!«
»Peter,« sprach er, »du regiere
Constanz und den Bodensee;
Ich zieh aus und commandiere
Unsre tapfre Arimee;
Mit Polacken und Franzosen
Wird der Herwegh zu mir stoßen,
Und der stirbt lebendig eh'r,
Als daß er ein Hundsfott wär.«

3.
Pflästerer und Schieferdecker,
Alles, niederig und hoch,
Alles jauchzte unserm Hecker,
Als er aus zum Kampfe zog.
Handwerksburschen, Literaten,
Tailleurs, Bauern, Advokaten,
Alles folgte rasch dem Zug,
Als er seine Trommel schlug.

4.
Rumbidibum, so hört man's schlagen,
Rumbidibum, Dumdumdumbum;
Und bei Straf' ließ Weishaar sagen
Rings im ganzen Land herum:
»Tut euch schnell zusammenraffen,
Gebt mir Mannschaft, Pferde, Waffen,
Oder ich bring' alles um«;
Rumbidibum, Dumdumdumbum.

5.
Und die reizende Frau Struwel
Warb mit ihrem Flammenblick
Tausend Mann in diesem Trubel
Für die deutsche Republik.
Gelder fand man in den Kassen,
Die man sich tat öffnen lassen;
Wein bracht' man aus jedem Haus
Für die Republik heraus.

6.
Durch die Baar tat man jetzt wandern,
Und hernach in's Wiesental,
Und daselbst stieß man bei Kandern,
Auf Soldaten ohne Zahl;

Edler Gagern, wackre Hessen,
Wollt' ihr euch mit Hecker messen?
Gagern, du kommst nicht zurück,
Vivat hoch, die Republik!

7.
Gagern wollt' parlamentiren,
Doch das ist nicht Heckers Art;
»Ich«, sprach er, »soll retiriren,
Ich, mit meinem schönen Bart!?«
Ach! nun hört man Schüsse knallen,
Gen'ral Gagern sah man fallen –
Und der tapfre Hinkeldey
Saß zu Pferde auch dabei.

8.
Hecker wollt' nicht länger bleiben,
»Rechtsumkehrt euch!« donnert er;
Und zur Eile ließ er treiben,
Denn er stürmte gar zu sehr.
Die Musik ließ er erklingen,
Und sein Corps fing an zu singen:
»Hecker ist ein großer Mann,
Der für Freiheit sterben kann«.

11.
Hecker, sag', wo bist du Hecker?
Legst die Hände in den Schoß?
Auf nun, du Tyrannenschrecker,
Jetzt geht es auf Freiburg los.
Badner, Hessen und Nassauer
Stehen dorten auf der Lauer;
Doch wir kommen schon hinein,
Denn neutral will Freiburg sein.

12.
All' die schönen Stadtkanonen,
Großer Hecker, die sind dein:
Und man ladet blaue Bohnen
Nebst Kartätschen schnell hinein.
Langsdorf will recognosciren,
Läßt sich auf den Münster führen,
Und guckt durch den Perspectiv,
Ob es gut geht oder schief.

13.
Oben her vom Günthersthale,
Hinter Wald und Hecken vor,
Kam im Sturm mit einem Male
Sigels wildes, tapf'res Corps.
Aber uns're Hessenschützen
Ließen ihre Büchsen blitzen,
Und das Corps zog sich zurück, –
Aus war's mit der Republik.

14.
Denn hinein zu allen Toren
Stürmte jetzt das Militär,
Und die Freischar war verloren
Trotz der tapfern Gegenwehr.
Alle, die sich blicken ließen,
Tat das Militär erschießen;
Alle Führer gingen durch,
Und erobert war Freiburg.

15.
Hecker stampfte auf den Boden,
Da ihm, als dem Commandeur,
Reitende expresse Boten
Brachten diese Schreckensmär.
»Wo sind«, rief er, »die Reserven?
Laßt sie ihre Sensen schärfen!«
Sprach's, und blus in vollem Zorn
In sein großes Messinghorn.

16.
Und nun kamen Herweghs Scharen,
Er und seine Frau kam nach,
Kamen in der Chais' gefahren
Auf dem Weg nach Dossenbach.
Doch zu ihrem großen Ärger
Sah man dort die Württemberger;
Hauptmann Lipp, der grobe Schwab',
Kam von einem Berg herab.

17.
Heckers Geist und Schimmelpennig
Machten da den Schwaben warm.
Herwegh sah's, er fuhr einspännig,
Und es fuhr ihm in den Darm.
Unter seinem Spritzenleder
Forcht' er sich vor'm Donnerwetter;
Heiß fiel es dem Herwegh bei,
Daß der Hinweg besser sei.

18.
»Ach Madamchen«, tat er sagen,
»Aus ist's mit der Republik!
Soll ich Narr mein Leben wagen?
Nein! Für jetzt nur schnell zurück!
Laß für meinen Kopf uns sorgen,
Komm' ich heut' nicht, komm' ich morgen.
Ach wie kneipt's mich in dem Leib,
Wende um, mein liebes Weib!«

19.
Und Madam hieß ihn verkriechen
Sich in ihren treuen Schoß;
Denn er konnt' kein Pulver riechen,
Und es ging erschrecklich los;
Schimmelpenning ward erstochen,
Manche Sense ward zerbrochen,
Und erschossen mancher Mann,
Die ich nicht all' nennen kann.

20.
Hecker ging jetzt in die Fremde
Und empfand den tiefsten Schmerz;

Denn in seinem Blusenhemde
Schlägt ein großes deutsches Herz.
Mußt er diesmal auch entspringen,
Wird man dennoch von ihm singen:
»Hecker ist ein großer Mann,
Der für Freiheit sterben kann.«

21.
Aber 's hat so kommen müssen,
Denn Jesaja, der Prophet,
Hat darauf schon hingewiesen,
Weil allda geschrieben steht:
»Disteln tragen eure Aecker
Jed' Kameel hat seinen Hecker.«
Folgt mithin aus dieser Red,
Daß es durcheinander geht.

22.
Also ist's in Baden gangen; –
Was nicht fiel und nicht entfloh,
Ward vom Militär gefangen,
Liegt zu Bruchsal auf dem Stroh.
Ich, ein Spielmann bei den Hessen,
Der kann Baden nicht vergessen,
Der den Feldzug mitgemacht,
Habe dieses Lied erdacht.

Mit allen Mitteln hat es die Monarchie versucht, die erste republikanische Erhebung zu verläumden. Es ist ihr nicht geglückt, ihren Zweck zu erreichen. Unsere unterlegene, aber nicht besiegte Sache ist heimisch geworden in der Hütte des Landmanns und in den Wohnungen der Städter. Wie eine verklärte Sage lebt sie im Munde des Volkes. Es schmückt die Gräber unserer gefallenen Brüder, und wenn die Blumen derselben am Abende verwelkt sind, so findet sie der frühe Morgen durch unbekannte Hand mit neuen geschmückt. In den einsamen Hütten der Bergeshöhen, in den Wohnungen der Thäler hängen tausendfach die Bildnisse »der Rebellenanführer« und in Liedern preist das Volk ihre Namen, ja sie leben und tönen in den Spielen und kleinen Gesängen der Kinder.
aus: Dr. Fr. Hecker, a.a.O.

Struvezug. Vier Tage im September des Jahres 1848

Struve, Gustav von, republikan. Agitator und Schriftsteller, geb. 11. Okt. 1805 in München, gest. 21. Aug. 1870 in Wien, war der Sohn des russischen Staatsrats Johann Gustav v. Struve … S. studierte die Rechte in Deutschland und ward dann oldenburgischer Gesandtschaftssekretär zu Frankfurt a. M., ging aber bald als Advokat nach Mannheim … redigierte das »Mannheimer Journal« und ward infolge der oppositionellen Haltung dieses Blattes wiederholt zu Gefängnisstrafe verurteilt. Nach der Pariser Februarrevolution [1848] … mit Hecker … bewaffneter Putsch … floh in die Schweiz. Ein bewaffneter Einfall, den er am 21. Sept. mit anderen politischen Flüchtlingen auf badisches Gebiet machte, mißglückte … verhaftet … wegen versuchten Hochverrats zu 5 1/3 Jahren Einzelhaft verurteilt … Infolge der badischen Volkserhebung [1849] frei geworden, beteiligte sich an derselben … entfloh in die Schweiz, von da nach New York, … Im nordamerikanischen Bürgerkrieg machte er als Offizier die Feldzüge von 1861 und 1862 mit.
aus: Meyers Konversationslexikon, Leipzig/Wien 1897

Aufruf an das deutsche Volk.
Mitbürger, Freunde, Brüder!
Das Maß des an Euch verübten Unrechts ist zum Ueberlaufen voll. Die Monarchie mit ihren Anhängseln von Geburts-Adel, Beamten-Adel und Geld-Adel ist durch und durch faul. Eure letzte Hoffnung, die konstituirende Versammlung in Frankfurt a. M., hat Euch getäuscht. Statt eines freien und einigen Deutschlands hat diese Dienstmagd der Reaktion Euch zu den fünfunddreißig Fürsten, die Ihr schon hattet, den sechsunddreißigsten noch gegeben. Statt den Druck des auf Euch lastenden Soldaten- und Beamtenwesens zu vermindern, wurde derselbe im Laufe der letzten Monate verdoppelt und verdreifacht. Keine der Zusagen, welche unsern Bedrückern in der letzten Zeit durch die Macht der Verhältnisse abgedrungen wurden, wird gehalten, insofern sich ein Fürst, ein Präsident, ein Amtmann oder auch nur ein Polizeidiener und Gensd'arme stark genug glaubt, dieselben brechen zu können. Die Soldateska schlägt Jeden nieder, welcher es wagt, in ihrem Beisein eine Klage gegen die bestehenden Zustände auszusprechen. Die Kerker sind angefüllt mit den Männern des Volkes. Hunderte unserer Freunde und Gesinnungsgenossen müssen im Auslande leben, um dem gegen uns

gezückten Racheschwerte zu entgehen, weil wir dem in den Volksversammlungen in Offenburg, Freiburg usw. an uns ergangenen Rufe Folge leisteten und uns an Eure Spitze stellten, um das unerträgliche Joch der Fürstenherrschaft zu brechen. Während das deutsche Volk im Innern ausgesogen, geknechtet und verdummt wird, verrathen es seine Fürsten an das Ausland. Die Jugend Deutschlands wird in einem Scheinkriege mit Dänemark absichtlich hingeopfert, und schon sind alle Anstalten getroffen, den großen Bundesgenossen, Verwandten und Freund der deutschen Fürsten, den Zaren von Rußland mit seinen wilden Horden, ins deutsche Vaterland hereinzuziehen, um mit dessen Hülfe das Werk der Knechtung Deutschlands zu vollenden.
Tausende von Stimmen, welche aus Deutschland zu uns in unser Asyl drangen, riefen uns zu: »Ist die Ernte nur zu Haus,
Bricht der Kampf von Neuem aus.«
Die Zeit der Ernte hat begonnen; in wenigen Wochen wird sie vorüber sein. Diese kurze Zeit darf nicht unbenutzt vorüber gehen. Alle Diejenigen, welche an den Kämpfen im badischen Oberlande Theil nahmen, sind bereit ein zweites Mal Gut und Blut, Leib und Leben für Euch einzusetzen; doch sie sind im Verhältnis zu dem deutschen Volk nur wenige Menschen. Sie können nur dann etwas leisten, wenn Ihr Euch in Masse erhebet und um uns schaaret.
Der erste Versuch, welchen wir machten, ist nicht gelungen; selten gelingt in hochwichtigen Dingen der erste Versuch. Doch auch unser erster mißlungener Versuch war nicht vergebens unternommen. Er hat den schlummernden Geist des Volkes geweckt; er hat eine mächtige republikanische Partei im ganzen großen deutschen Vaterlande hervorgerufen; er hat die Verräther des Volkes von seinen Freunden ausgeschieden.
Wir fordern Euch daher auf zum Kampfe gegen Eure Tyrannen. Beginnet denselben damit, daß Ihr alle Abgaben an Grundherren, Staat und Kirche verweigert, und daß Ihr aller Orten Euch zusammenschaaret, Eure Polizeidiener, Gensd'armen, Amtleute, Grundherren und Fürsten gefangen nehmet und Euch bereit haltet, mit den Söldlingen Euerer Bedrücker den Kampf auf Leben und Tod zu beginnen.
Mitbürger, Freunde, Brüder! thut Ihr Eure Pflicht, wir werden die unsrige thun.
Birsfeld bei Basel, den 23. Juli 1848. In Uebereinstimmung mit vielen Gesinnungsgenossen *Gustav Struve*.

Am 20. September 1848 befand sich Struve zu Basel, um den Druck der an diesem Tage erscheinenden Nummer des »Deutschen Zuschauers« zu überwachen.
Im Laufe des 20sten mehrte sich jedoch der Andrang Derjenigen, welche verlangten, der Losbruch solle nicht länger aufgeschoben werden. Die Nachrichten über den Straßenkampf in Frankfurt hatten eine besonders starke Aufregung in den Gemüthern hervorgebracht. Für den Fall des Sieges wollte man an den Früchten desselben Theil nehmen, für den Fall einer Niederlage den Freunden in Frankfurt eine Diversion bereiten, und den Umständen nach einen Zufluchtsort in Deutschland eröffnen. Man rechnete darauf, daß auch andere deutsche Städte dem Beispiel der Stadt Frankfurt folgen würden. Gegen Abend kamen noch einige Männer aus Lörrach, welche uns versicherten, wir könnten auf die Bürgerwehr dieser Stadt vollkommen zählen, und hinzufügten, auf den ersten Ruf würde sich auch die ganze Umgegend erheben.
Wir hatten bei der ersten Volkserhebung die Erfahrung gemacht, daß nichts schwieriger sei, als einen Kern von zuverlässigen Revolutionstruppen zu bilden. In Lörrach hofften wir einen solchen zu erhalten, zugleich einiges Geld für unsere Kriegskasse vorzufinden und einen sichern Sitz für die oberste Leitung der Bewegung zu haben. Wir erkannten jedoch sehr wohl, daß die Revolution nicht von der Schweiz nach Deutschland getragen werden könne, daß unsere Aufgabe vielmehr nur sein könne, die bereits in Deutschland und insbesondere im Badischen befindlichen revolutionären Elemente zu organisiren und zu leiten.
Nach einer ausführlichen Besprechung zwischen Struve und seinen Freunden einerseits, Mögling, Doll und den ihrigen anderseits, wurde der Beschluß gefaßt, am folgenden Tage, den 21. September Nachmittags 4 Uhr auf badisches Gebiet überzugehen und dort die Fahne der Republik von Neuem zu entfalten. Sofort wurden die erforderlichen Vorbereitungen getroffen. Boten wurden abgesandt, um die an der Grenze zerstreuten Flüchtlinge zu kräftiger Theilnahme an dem Unternehmen aufzubieten; Briefe wurden geschrieben, die nothwendigsten Regierungs-Erlasse wurden von Struve entworfen und durch Abschriften vervielfältigt. Unter diesen und ähnlichen Vorbereitungen rückte die zum Abmarsch bestimmte Stunde heran.
Nachmittags 4 Uhr verließ Struve in Begleitung von 10 bis 12 Freunden und Bekannten, welche sämmtlich zu Fuß und unbe-

waffnet waren, Basel, und traf, ohne auf Widerstand zu stoßen, nachdem er bei Stetten am Rößle-Wirthshaus freundlich und herzlich war begrüßt worden, gegen 6 Uhr Abends in Lörrach ein. Vorher schon war im Laufe des Nachmittags die Bürgerwehr unter die Waffen getreten. Die Beamten waren verhaftet worden, ein Theil der Bürgerwehr war Struve und seinen Begleitern entgegengerückt, der übrige Theil derselben hielt die wichtigsten Theile der Stadt besetzt.

Sobald Struve und seine Freunde in Lörrach eingezogen waren, nahmen sie Besitz von dem Rathhause. Von einem Fenster desselben herab hielt Struve eine Rede an das Volk, worin er demselben auseinander setzte, daß alle Vorhersagungen der entschiedenen Republikaner eingetroffen seien, und daß das Volk nimmermehr zu seinem guten Rechte gelangen würde, wenn es nicht damit beginne, seine fluchbeladenen Fürsten zu verjagen. Er wies auf die neuesten Vorgänge hin, welche in Schleswig-Holstein und in Frankfurt a. M. stattgefunden hatten, und forderte alle Anwesenden auf, mit Muth und Ausdauer zu kämpfen für die deutsche Republik. Mit dem Bürgermeister und dem Gemeinde-

rathe von Lörrach wurden sodann die erforderlichen Verabredungen getroffen.
Noch am 21. Abends wurden sämmtliche in Lörrach befindliche Kassen mit Beschlag belegt. Karl Blind übernahm vorläufig die Aufsicht über die Finanzen und bekleidete zugleich das Amt eines Schriftführers der provisorischen Regierung.
Die in Lörrach befindliche Druckerei wurde im Namen der provisorischen Regierung in Besitz genommen und in derselben sofort das erste republikanische Regierungsblatt Deutschlands gedruckt. Dasselbe enthielt [neben zwei anderen] folgenden Erlaß:

Deutsche Republik!
Wohlstand, Bildung, Freiheit für Alle!

Im Namen des deutschen Volkes verfügt die provisorische Regierung Deutschlands wie folgt:
Art. 1. Sämmtliche auf dem Grund und Boden haftende mittelalterliche Lasten, sowie sämmtliche mittelalterliche persönliche Dienste, Zehnten, Gülten, Frohnden, und welchen Namen sie sonst tragen, sind ohne alle Entschädigung sofort abgeschafft. Alle Ablösungsschuldigkeiten für solche Lasten werden ebenfalls getilgt.
Art. 3. Sämmtliches Gundeigenthum des Staats, der Kirche und der auf Seite der Fürsten kämpfenden Staatsbürger geht provisorisch, unter Vorbehalt späterer Ausgleichungen, an die Gemeinden über, in deren Gemarkung es liegt.
Art. 4. Um alle in den vorstehenden Artikeln enthaltenen Erleichterungen zu sichern, wird eine allgemeine Erhebung des Volkes angeordnet. Alle waffenfähigen Männer vom vollendeten achtzehnten bis zum vollendeten vierzigsten Jahre ergreifen die Waffen zur Rettung des bedrohten Vaterlandes.
Von heute an herrscht das Kriegsgesetz, bis das deutsche Volk seine Freiheit errungen haben wird.
Im Namen der provisorischen Regierung Deutschlands: Gustav Struve.
Der Schriftführer: Karl Blind.
Hauptquartier Lörrach, am ersten Tage der deutschen Republik, am einundzwanzigsten September 1848.

Zahlreiche Freiwillige fanden sich ein, welche mit den angekauf-

ten und requirirten Gewehren bewaffnet und in Compagnien eingetheilt wurden. Zahlreiche Deputationen fanden sich von nahe und ferne ein, deren Zweck war, theils Verhaltungsbefehle einzuholen, theils sich nach dem Stande der Dinge zu erkundigen, um darnach die eigene Handlungsweise zu bemessen. Die Bevölkerung war mit sehr weniger Ausnahme bereit, sich der Sache der Befreiung Deutschlands anzuschließen. Manche Gemeinden, welche sich für alle Fälle sichern wollten, baten sich Exekutionsmaunschaft aus, um seiner Zeit für den Fall des Mißlingens die Ausflucht zu haben, sie seien zum Zuzug gezwungen worden. Wirkliche Gewalt anzuwenden, war nicht erforderlich. Die provisorische Regierung stieß bei dem Volke nirgends auf Widerstand.
aus: Gustav Struve, Geschichte der drei Volkserhebungen in Baden, Bern 1849

Am 21. September, also dem Jahrestage der Proklamierung der französischen Republik von 1792, war in Lörrach Jahrmarkt bei schönstem Wetter, und meine Frau, die von Mägden und Arbeiterfrauen allerlei Beunruhigendes vernommen hatte, bat mich nach Tisch im Garten, doch wenigstens nicht heute nach Weil zu reiten, sondern zu Fuß zu gehen, damit ich weniger auffalle. Ich tat nach ihrem Willen und kehrte gegen vier Uhr des Nachmittags längs der Wiese und auf einem Mattenweg zurück. Unweit von dem einsam gegen die Schweizer Grenze liegenden Wirtshaus zum »Stettener Rößle« gewahrte ich lebhaftes Herumtreiben, Bewaffnete, Getrommel und Läuten und wurde von einigen Bewaffneten auf dem Wiesenpfade angehalten und hinauf vor das »Stettener Rößle« transportiert, wo gerade der Basler Omnibus hielt und Struve mit seinem Militär- und Zivilkabinett auf der Landstraße Beratung hielt. Ich sah den Mann zum ersten mal und wurde ihm gleich als »Volksverräter« vorgestellt. Sein dürftiger Anzug paßte nicht übel zu seinem ernsten Wesen, das durch einen fanatischen Blick und eine sehr schöne Stimme das nötige Leben erhielt, um anderen Leben einzuhauchen. Nach einigen rauhen Worten an mich erklärte er mir, ich sei Gefangener und übergab mich nebst einem frisch gefangenen Grenzaufseher einer Abteilung Bürgerwehren, die schnell in Haufen sich um uns sammelten. Die Bürgerwehr nahm uns beide Schächer in die Mitte und übte erst einige Kontermärsche mit uns, bis sie in stolzem Zug durch die heimflüchtenden Marktbesucher uns in die Stadt einführte. Tritte bekam ich mehr als mir nötig schienen, und um mir etwas »Pose« zu geben, schnupfte ich Tabak. Auf dem Rathausplatz wurden wir unten aufgestellt, während Struve und sein Stab mit den Gemeindebehörden im Saale des alten, verlotterten Rathauses verhandelte und die Ortsdruckerei für seine Edikte und Proklamationen mit Beschlag belegte, eine Lokalregierung einsetzte, überall rote Fahnen und rote Schilder anbrachte und statt der seitherigen Beamten seine neuen republikanischen an ihre Stellen brachte. Für Anfertigung des nötigen »großen Siegels der deutschen Republik« sorgte in Eile ein hiesiger Großindustrieller. Indessen stand ich, wie ein fremdes Tier bewacht, unten auf dem Platze, teils von scheuer Neugier, teils von übermütigem Hohn umgeben.

Ehe noch meine Freigebung dekretiert war, hielt Struve eine begeisterte Anrede an das versammelte Volk aus dem Rathausfenster heraus, ohne einen glücklichen Anfang dabei zu machen. Das alte Rathaus hatte nämlich sehr niedere Fenster und als der Revolutionsmann sich rasch durch dasselbe zum Sprechen hinausbiegen wollte, schlug er heftig seinen Kopf gegen das Fensterkreuz. Natürlich folgte ein allgemeines Gelächter der Menge und ich hatte auch meinen Spaß. Struve sprach machtvoll und wohlklingend und versicherte aller Welt, daß im jetzigen Moment überall in Deutschland, sowohl in Karlsruhe, als in Stuttgart, Mainz, Frankfurt, Berlin und Sachsen die Republik verkündet und siegreich sei. Es war eine bewußte planmäßige große Lüge, durch welche er das Publikum fortreißen und begeistern wollte. Eine kleinere Lüge wäre nicht so schnell und freudig geglaubt worden, so sind die Leute.

Die proklamierte Republik bedrohte jeden Ungehorsamen mit Standrecht und mit Volksgericht, ein Triumvirat von Lörracher Bürgern bildete die Lokalregierung, einige junge Leute zogen auf die Dörfer, um die Kassen der Akzisoren zu leeren, auch die hiesige Postkasse wurde abgefaßt und Postmeister Martin schwer bedroht. Das erste Aufgebot aller Gemeinden wurde mobil gemacht; und am andern Tag, am 22. September, gegen Schliengen gesendet. Karl Blind, Struve, General Löwenfels, der alte Philhellene Bönning mit seinen abgeschnittenen Ohren, Dusar und Struves Frau hatten alle Hände voll zu tun; doch versäumte Struves Frau nicht, hübsch wie sie war und die nötige Schminke auf, vor meinem Haus ihren Korso zu halten. Demi-

Heroine. – Politisiert wurde mit Vorsicht in den öffentlichen Lokalen, auch ging es im ganzen ziemlich fidel her, obgleich mir mein Pferd zum Staffetendienst weggenommen und ein Terzerol von der Wand gestohlen wurde.
aus: Eduard Kaiser, Aus alten Tagen

Am 24. September, brach das Hauptquartier von Müllheim in der Richtung nach Freiburg auf. Die Colonne, bei welcher sich Struve befand, zählte beiläufig 4000 Mann, von welchen etwa 3500 Mann mit Gewehren wohlbewaffnet waren. Zu dieser Zeit standen Mögling und Doll mit beiläufig 2000 Mann in Todtnau, und mehrere Tausende von Bewaffneten zogen auf die verschiedenen Sammelplätze, namentlich Schliengen und Müllheim, um sich zur Verfügung der provisorischen Regierung zu stellen.
Die Streitmacht der Republikaner konnte auf 10.000 mit Flinten oder Büchsen wohl bewaffnete Männer geschätzt werden. Während bei der Schilderhebung im Monate April, ungeachtet aller von Hecker, Struve, Sigel, Willich und den zahlreichen anderen Führern gemachten Anstrengungen mehrere Tage vergingen, bevor nur einige hundert Mann auf die Beine gebracht wurden, standen bei der Schilderhebung im September auf den ersten Ruf Struve's ein halbes Tausend Bewaffneter in Lörrach und den nächsten Gemeinden bereit, für die Republik in den Kampf zu gehen. Im Aprilmonate waren im Laufe von 14 Tagen aus dem ganzen See- und Oberrheinkreise, welche von verschiedenen Abtheilungen des Freiheitsheeres durchzogen wurden, kaum so viele Bewaffnete Freiheitskämpfer zusammengekommen, als im September im Laufe von sechszig Stunden aus einem kleinen Theile des Oberrheinkreises zusammengebracht wurden. Ueberhaupt hatte am Morgen des 24. Septembers die Volkserhebung ein sehr viel versprechendes Ansehen.
Sofort nachdem die Republikaner in Staufen eingerückt waren, begann die Thätigkeit der Führer. Wie gewöhnlich wurde das Rathhaus zum Sitze des Hauptquartiers erwählt. Von dort gingen alle Befehle aus. Zwei Pulverfässer wurden rasch herbeigeschafft. Das eine enthielt jedoch Kanonenpulver, und konnte daher nicht gebraucht werden. Das Pulver des andern wurde sofort verwendet zu Flintenpatronen, welche im oberen Stocke des Rathhauses angefertigt wurden.
Unterdessen rückte der Feind auf Staufen los.
aus: Gustav Struve, a.a.O.

Aus dem Struvelied

14. Strophe
Rumbumbum, die Trommeln gehen,
Und in Staufen zieht man ein.
Züge, kaum zu übersehen,
Zehentausend mögen's sein! –
Um den Hals die goldene Kette,
Vor den Augen die Lorgnette,
Liegt zur angenehmen Schau
Breit im Wagen Struwwels Frau.

15.
Hinterm Wagen her da kamen
General Löwenfels und Blind,
Siegel, und wie all die Namen
Dieser tapfren Struwwler sind.
Struwwel eilte, um die Kassen
Für die Freiheit abzufassen,
Aber eh' er sich's versah,
Waren schon die Badner da.

16.
General Hoffman, der »vertierte«,
Der »entmenschte« General,
Der griff an und kanonirte
Wie ein wahrer Kannibal.
Struwwel rief: »Mein Schatz, aus Staufen
»Woll'n wir im Galopp jetzt laufen;
»Der könnt so barbarisch sein,
»Schöß uns heut' noch kurz und klein«.

17.
Von den Barrikaden schossen
Alle Struwwler scharf hinaus,
Aber die Haubitzen gossen

Ströme von Kartätschen aus;
Rauch erhebt sich, Häuser brennen,
Struwwler fallen, andre rennen,
Und vor Allen Er und Sie,
Oft im Dreck bis an die Knie.

18.
Aus war's mit den Barrikaden,
Alle riß und schoß man ein,
Und die stürmenden Soldaten
Drangen in die Stadt herein.
Frau v. Struwwels Hut und Mantel
Fanden sie in einem Kandel (Rinne),
Und ein Söldling war so frech,
Riß das schöne Futter weg;

19.
Denn der große Herwegh könnte, –
Das bildt' sich der Esel ein –
Unser Herwegh könnt' am Ende
Eingenäht dazwischen sein!
Und der sitzt doch warm und trocken;
Aber Struwwel ließ sich locken,
Ging dem Oberamtmann Schey
Jetzt zum zweitenmal in's Gäu.

20.
Hart und schwer durch Wald und Felder
Schleppt die rote Republik
Ihre Wintervorratsgelder
Nach der schönen Schweiz zurück.
Ach, wie mühsam und wie sauer
Ward's dem Struwwel, Betz und Bauer,
Und dem Dusar und dem Blind,
Und Madam, dem guten Kind!

21.
»Polen ist noch nicht verloren«
Sang Madam zwar anfangs noch,
Aber bald hat sie's gefroren,
Denn ihr Strumpf bekam ein Loch;
Ach vor Frost tat sie erbleichen,
Ließ mit Schmink sich rot bestreichen

Und den Schminktopf nahm nachher
Amtmann Schey ihr ab in Wehr.

22.
Ja, in Wehr ward sie gefunden
Unsre ganze Republik,
Eingefangen und gebunden
Kam sie von der Grenz' zurück;
Als sie grad sich wollt' erquicken
Mußte Bürgerwehr anrücken,
Und der Oberamtmann Schey
Auch noch dieser kam herbei!

23.
Ach, im Mund war kaum der Löffel,
Als man sie ergreifen tat,
Heiliger Sanct Zitz und Schlöffel,
Heiliger Sanct Blum schaff Rat!
Ich muß hier mein Lied beschließen,
Meine heißen Zähren fließen,
Meine kalte Stirne schwitzt,
Denn der Herr von Struwwel sitzt!

1849 – Reichsverfassungskampagne. Die Pfalz und Baden als ein Zentrum der republikanischen Bewegung

Unter allen den Bewegungen und Zuckungen, die in Deutschland durch die Februarrevolution und ihre weitere Entwickelung hervorgerufen wurden, zeichnet sich die Reichsverfassungskampagne durch ihren klassisch deutschen Charakter aus. Ihre Veranlassung, ihr Auftreten, ihre Haltung, ihr ganzer Verlauf waren durch und durch deutsch. Wie die Junitage 1848 den gesellschaftlichen und politischen Entwickelungsgrad Frankreichs, so bezeichnet die Reichsverfassungskampagne den gesellschaftlichen und politischen Entwickelungsgrad Deutschlands, und namentlich Süddeutschlands.
aus: Friedrich Engels, Die deutsche Reichsverfassungskampagne

Nach den Siegen des Volkes in Wien und Berlin verstand es sich von selbst, daß eine Repräsentativversammlung für ganz Deutschland zusammentreten müsse. Diese Körperschaft wurde also gewählt und trat in Frankfurt neben dem alten Bundestag zusammen. Von der Deutschen Nationalversammlung erwartete das Volk, sie werde alle strittigen Fragen lösen und als höchste gesetzgebende Gewalt des ganzen Deutschen Bundes tätig sein. Dabei hatte aber der Bundestag, der sie einberufen, ihre Befugnisse in keiner Weise festgelegt. Niemand wußte, ob ihre Beschlüsse Gesetzeskraft haben oder der Bestätigung durch den Bundestag und die einzelnen Regierungen unterliegen sollten. In dieser verworrenen Lage hätte die Versammlung, wenn sie auch nur einen Funken von Energie besessen, den Bundestag – die bei weitem unpopulärste Körperschaft in Deutschland – ohne weiteres auflösen, nach Hause schicken und durch eine aus ihrer eigenen Mitte gewählte Bundesregierung ersetzen müssen. Sie hätte sich zum einzig gesetzlichen Ausdruck des souveränen Willens des deutschen Volkes erklären und damit jedem ihrer Beschlüsse Gesetzeskraft verleihen müssen. Sie hätte sich vor allem eine organisierte bewaffnete Macht im Lande verschaffen müssen, stark genug, um jeden Widerstand seitens der Regierungen zu brechen. Und das alles war leicht, sehr leicht in jenem Anfangsstadium der Revolution. Aber das hieß viel zuviel erwarten von einer Versammlung, die sich in ihrer Mehrheit aus liberalen Advokaten und doktrinären Professoren zusammensetzte, einer Versammlung, die zwar den Anspruch erhob, die Blüte deutschen Geistes und deutscher Wissenschaft zu verkörpern, die aber in Wirklichkeit nichts anderes war als eine Bühne, auf der alte, längst überlebte politische Figuren ihre unfreiwillige Lächerlichkeit und ihre Impotenz im Denken wie im Handeln vor den Augen ganz Deutschlands zur Schau stellten. Diese Versammlung alter Weiber hatte vom ersten Tag ihres Bestehens mehr Angst vor der geringsten Volksbewegung als vor sämtlichen reaktionären Komplotten sämtlicher deutscher Regierungen zusammengenommen.

Die Linke der Versammlung – diese Elite und dieser Stolz des revolutionären Deutschlands, wofür sie sich selbst hielt – war förmlich berauscht von den paar armseligen Erfolgen, die sie davongetragen.

Diese armseligen Schwachköpfe waren im ganzen Verlauf ihres meist recht obskuren Lebens so wenig an so etwas wie einen Erfolg gewöhnt, daß sie tatsächlich glaubten, ihre lumpigen Amendements, die mit zwei oder drei Stimmen Mehrheit durchkamen, würden das Antlitz Europas verändern. Seit Beginn ihrer parlamentarischen Laufbahn waren sie mehr als jede andere Fraktion der Versammlung von jener unheilbaren Krankheit, dem parlamentarischen Kretinismus, verseucht.

Nachdem die Frankfurter Nationalversammlung den König von Preußen zum Kaiser von Deutschland (minus Österreich) erkoren, sandte sie eine Abordnung nach Berlin, um ihm die Krone anzubieten, und vertagte sich dann. Am 3. April empfing Friedrich Wilhelm die Abgeordneten. Er erklärte ihnen, daß er zwar das Recht des Vorrangs vor allen anderen Fürsten Deutschlands, den ihm der Beschluß der Volksvertreter verliehen, annehme, daß er aber die Kaiserkrone nicht anzunehmen vermöge, solange er nicht sicher sei, ob seine Oberhoheit und die Reichsverfassung, die ihm jene Rechte übertrage, von den übrigen Fürsten anerkannt würde. Es sei Sache der deutschen Regierungen, fügte er hinzu, zu prüfen, ob diese Verfassung von ihnen gutgeheißen werden könne. Auf jeden Fall, schloß er, ob Kaiser oder nicht, werde man ihn immer bereit finden, sein Schwert gegen jeden äußeren oder inneren Feind zu ziehen. Wir werden bald sehen,

wie er dieses Versprechen in einer Art und Weise hielt, die die Nationalversammlung einigermaßen verblüffte.
Die Frankfurter Neunmalweisen kamen nach tiefgründiger diplomatischer Untersuchung zu guter Letzt zu dem Schluß, diese Antwort komme einer Ablehnung der Krone gleich. Sie beschlossen daher (am 12. April), die Reichsverfassung sei Landesgesetz und müsse aufrechterhalten werden.
Die Reichsverfassung zeichnete sich nicht nur dadurch aus, daß sich ihr Ursprung anscheinend ausschließlich vom Volke herleitete, sondern sie war auch bei all ihren Widersprüchen gleichzeitig noch die liberalste Verfassung in ganz Deutschland. Ihr größter Fehler war, daß sie bloß ein Stück Papier war, ohne jede Macht, ihren Bestimmungen Geltung zu verschaffen.
Unter diesen Umständen war es ganz natürlich, daß die sogenannte demokratische Partei, das heißt die Klasse des Kleinbürgertums, sich an die Reichsverfassung klammerte. Diese Klasse war in ihren Forderungen immer fortschrittlicher gewesen als die liberale monarchistisch-konstitutionelle Bourgeoisie; sie war kühner aufgetreten, hatte nicht selten mit bewaffnetem Widerstand gedroht und mit Versprechungen um sich geworfen, Gut und Blut im Kampf für die Freiheit zu opfern; sie hatte aber schon vielfach bewiesen, daß sie in der Stunde der Gefahr nirgends zu finden war und daß ihr niemals wohler zumute war als am Tage nach einer entscheidenden Niederlage, wenn zwar alles verloren war, sie aber wenigstens den Trost hatte zu wissen, die Sache war jetzt so oder so erledigt.
Eine Entscheidung des Kampfes durch Waffengewalt war offensichtlich unvermeidlich geworden. Die Feindseligkeit der Regierungen, die Gärungen im Volke kamen von Tag zu Tag heftiger zum Ausdruck. Überall wurde das Militär von den demokratischen Bürgern bearbeitet, in Süddeutschland mit großem Erfolg. Überall wurden große Massenversammlungen abgehalten, auf denen beschlossen wurde, für die Reichsverfassung und die Nationalversammlung einzutreten, nötigenfalls durch Waffengewalt.
Der unvermeidliche Konflikt zwischen der Frankfurter Nationalversammlung und den Regierungen der deutschen Staaten brach in den ersten Maitagen 1849 endlich in offene Feindseligkeiten aus.
So standen sich Volk und Regierung überall mit äußerster Erbitterung gegenüber, der Ausbruch war unvermeidlich; die Mine

war geladen, und ein Funke genügte, um sie zur Explosion zu bringen. Die Auflösung der Kammern in Sachsen, die Einberufung der Landwehr in Preußen, der offene Widerstand der Regierungen gegen die Reichsverfassung waren solche Funken; sie fielen, und im Nu stand das ganze Land in Flammen. In Dresden bemächtigte sich das Volk am 4. Mai siegreich der Stadt und verjagte den König, während sämtliche umliegenden Bezirke den Aufständischen Verstärkungen sandten. In Rheinpreußen und in Westfalen weigerte sich die Landwehr auszumarschieren, besetzte die Zeughäuser und bewaffnete sich zum Schutz der Reichsverfassung.
aus: Friedrich Engels, Revolution und Konterrevolution in Deutschland

Mit der Verfassungsfrage schien endlich derjenige glückliche Umstand eingetreten, dessen Abwesenheit seit dreißig Jahren alle deutschen Volksbewegungen zum Scheitern gebracht hatte. Die Ausbrüche in einzelnen Staaten waren bisher stets an ihrer Vereinzelung zu Grunde gegangen, und solche, die für alle Theile Deutschlands zugleich vorbereitet wurden, gingen eben daran zu Grunde, daß sie als Komplotte lebensunfähig waren. Eine Volkserhebung konnte in Deutschland nur gelingen, wenn am politischen Himmel ein Zeichen erschien, das von selbst, durch seine bloße Erscheinung, allen Stämmen mit gleichem Erfolg zurief: »Jetzt ist es Zeit!« – Ein solches Zeichen mußte, wenn je Etwas, das offene Fehdewort der Fürsten gegen die Nationalversammlung und die Aufforderung der letzteren an das Volk sein.
aus: Ludwig Bamberger, Politische Schriften, Berlin 1895

Der Moment war übrigens keineswegs zum Kampf ungünstig. In Frankreich standen die Wahlen bevor; sie mochten den Monarchisten oder den Roten die Majorität geben, sie mußten die Zentren der Konstituante verdrängen, die extremen Parteien verstärken und eine rasche Entscheidung des akuter gewordenen parlamentarischen Kampfes durch eine Volksbewegung herbeiführen. In Italien schlug man sich unter den Mauern von Rom, und die römische Republik hielt sich gegen die französische Invasionsarmee. In Ungarn drangen die Magyaren unaufhaltsam vor; die Kaiserlichen waren über die Waag und die Leitha gejagt; in Wien, wo man täglich Kanonendonner zu hören glaubte, wurde die ungarische Revolutionsarmee jeden Augenblick erwartet; in Galizien stand die Ankunft Dembinskis mit einer polnisch-magyarischen Armee bevor, und die russische Intervention, weit entfernt, den Magyaren gefährlich zu werden, schien vielmehr den ungarischen Kampf in einen europäischen zu verwandeln. Deutschland endlich war in der höchsten Aufregung; die Fortschritte der Konterrevolution, die wachsende Unverschämtheit der Soldateska, der Bürokratie und des Adels, die stets sich erneuernden Verrätereien der alten Liberalen in den Ministerien, die rasch aufeinanderfolgenden Wortbrüche der Fürsten warfen der Bewegungspartei ganze Klassen von bisherigen Ordnungsmännern in die Arme.

aus: Friedrich Engels, Die deutsche Reichsverfassungskampagne

Exkurs. In der Pfalz

Die Rheinpfalz ist ein von der Natur außerordentlich gesegnetes Ländchen, dessen landschaftliche Schönheit und dessen Erzeugnisreichtum wohl geeignet sind, in seiner Bevölkerung einen heitern, lebenslustigen Sinn zu nähren. Diesen haben nun auch die Pfälzer seit Menschengedenken in hohem Grade besessen und gepflegt. Dazu sind sie ein intelligentes und leicht erregbares Völkchen, gutherzig und enthusiastisch, selbstbewußt und vielleicht auch ein wenig oppositionslustig. Wirklich arme Leute – Leute, denen das Nötige fehlte – gab es, damals wenigstens, einen kleinen Landesteil abgerechnet, in der Pfalz nur in sehr geringer Anzahl. Es war also keineswegs die Not, was die Pfälzer zum Revolutionieren erregte. Bei dem großen Völkerschacher auf dem Wiener Kongreß nach den napoleonischen Kriegen war die Rheinpfalz an das Königreich Bayern gefallen. Aber wie sie geographisch nicht mit Altbayern zusammenhing, so hatte sich dort auch kein Gefühl der Zusammengehörigkeit mit dem Königreich entwickeln wollen. Ein wirklicher bayerischer Patriotismus wollte in der Pfalz nicht wachsen. Als nun die bayerische Regierung auch altbayerische Beamte in die Pfalz schickte, um die Pfälzer regieren zu helfen, wurden die gegenseitigen Beziehungen noch unfreundlicher. Die »hungrigen Altbayern«, hieß es, würden nach der reichen Pfalz geschickt, um sich füttern zu lassen. Das Verhältnis war demjenigen, das zwischen der preußischen Rheinprovinz und Altpreußen existiert hatte, nicht unähnlich. Die Pfälzer waren daher in beständiger Opposition gegen Altbayern, und diese Opposition würde hingereicht haben, sie in die Reihen der Liberalen zu treiben, wäre nicht das geweckte, lebhafte, aufgeklärte Völkchen von Natur aus zu einer liberalen Denkweise disponiert gewesen. Daß dieser Liberalismus bei den Pfälzern einen entschieden deutsch nationalen Charakter trug, versteht sich von selbst. In der Tat hatte sich eine der berühmtesten nationalen Demonstrationen anfangs der dreißiger Jahre, das »Hambacher Fest« auf pfälzischem Boden abgespielt, und unter den Führern der nationalen Bewegung gab es immer Pfälzer in vorderster Reihe.

Als nun der König von Bayern die von dem Frankfurter Nationalparlament gemachte Verfassung anzuerkennen verweigerte, brach in der Pfalz sofort die allgemeine Entrüstung in hellen

Flammen aus. Es verstand sich bei den Pflägern von selbst, daß, wenn der König von Bayern nicht deutsch sein wollte, die Pfalz aufhören müsse, bayerisch zu sein. Am 2. Mai wurde in Kaiserslautern eine große Volksversammlung abgehalten, in der alle liberalen Vereine der Pfalz vertreten waren. Diese Versammlung ernannte einen »Landesverteidigungsausschuß«, welcher den gefaßten Beschlüssen gemäß die Regierung der Provinz in die Hände nehmen und für die Organisierung einer bewaffneten Macht sorgen sollte. Die Stimmung der pfälzischen Bevölkerung war so einmütig, daß, mit Ausnahme einiger Beamten- oder Militärkreise und einiger Ortschaften, in denen eine altbayerisch gesinnte Geistlichkeit besonderen Einfluß ausübte, die Autorität des Ausschusses innerhalb der Landesgrenze so ziemlich allgemeine Anerkennung fand.
aus: Carl Schurz, Lebenserinnerungen, Berlin 1907

Schurz, Carl, Carl, geb. 1824 in Liblar bei Köln, studierte seit 1847 in Bonn Philologie, nahm im Frühling 1849 an dem Sturm auf das Siegburger Zeughaus teil und begab sich dann nach Baden in die Reihe der Aufständischen. Floh nach der Niederlage in die Schweiz, begab sich aber im Sommer 1850 heimlich nach Berlin und befreite im November seinen in Baden gefangen genommenen Freund Kinkel aus seinem Gefängnis. Hierauf ging er 1852 nach Amerika. Er war bald einer der einflußreichsten Führer der republikanischen Partei, Lincoln ernannte ihn zum Gesandten in Spanien. S. kehrte 1862 nach Amerika zurück, um in das Unionsheer einzutreten. Unter Sigels Führung diente er als General. Gründete später republikanische Blätter. 1868 von Missouri zum Senator gewählt. Als Minister des Inneren unter Hayes (1877–81) bewährte S. seine Tüchtigkeit und redliche Gesinnung. Er wurde Vertreter der Hamburg-Amerikanischen Paket-Aktiengesellschaft in New York.
aus: Meyers Konversationslexikon, Leipzig/Wien 1897

Wer die Pfalz nur einmal gesehen hat, begreift, daß eine Bewegung in diesem weinreichen und weinseligen Lande einen höchst heitern Charakter annehmen mußte. Man hatte sich endlich einmal die schwerfälligen, pedantischen altbayrischen Bierseelen vom Halse geschafft und an ihrer Stelle fidele pfälzische Schoppenstecher zu Beamten ernannt. Man war endlich jene tiefsinnig tuende bayrische Polizeischikane los, die in den sonst so ledernen »Fliegenden Blättern« ergötzlich genug persifliert wurde und die dem flotten Pfälzer schwerer auf dem Herzen lag als irgend etwas andres. Die Herstellung der Kneipfreiheit war der erste revolutionäre Akt des pfälzischen Volks: Die ganze Pfalz verwandelte

sich in eine große Schenke, und die Massen geistigen Trankes, die »im Namen des pfälzischen Volks« während dieser sechs Wochen verzehrt wurden, übersteigen alle Berechnung.
Sowie die große Hitze der ersten Junitage sich fühlen ließ, verschwanden alle Tuchröcke, Westen und Krawatten, um einer leichten Bluse Platz zu machen. Mit der alten Bürokratie schien man auch den ganzen alten ungeselligen Zwang losgeworden zu sein. Man kleidete sich ganz ungeniert, nur nach der Bequemlichkeit und der Jahreszeit; und mit dem Unterschied der Kleidung verschwand momentan jeder andre Unterschied im geselligen Verkehr. Alle Klassen der Gesellschaft kamen in denselben öffentlichen Lokalen zusammen, und ein sozialistischer Schwärmer hätte in diesem ungebundenen Verkehr die Morgenröte der allgemeinen Brüderlichkeit sehen können.
Wie die Pfalz, so ihre provisorische Regierung. Sie bestand fast nur aus gemütlichen Schoppenstechern, die über nichts mehr erstaunt waren, als daß sie plötzlich die provisorische Regierung ihres bacchusgeliebten Vaterlandes vorstellen sollten.
Wenn in Rheinpreußen reaktionäre und revolutionäre Klassen von vornherein sich gegenüberstanden, wenn in Baden eine anfangs für die Bewegung schwärmende Klasse, die Kleinbürgerschaft, sich allmählich beim Heranrücken der Gefahr zuerst zur Gleichgültigkeit, später zur Feindseligkeit gegen die von ihr selbst provozierte Bewegung herüberführen ließ, so waren es in der Pfalz weniger einzelne Klassen der Bevölkerung als einzelne Distrikte, die sich, durch Lokalinteressen geleitet, teils von Anfang an, teils nach und nach gegen die Bewegung erklärten. Allerdings war in Speyer von vornherein die Bürgerschaft reaktionär, wurde sie es mit der Zeit in Kaiserslautern, Neustadt, Zweibrücken usw.; aber die Hauptmacht der reaktionären Partei saß in den über die ganze Pfalz verteilten Ackerbaubezirken. Diese konfuse Gestaltung der Parteien hätte nur durch eine Maßregel beseitigt werden können: durch einen direkten Angriff auf das in den Hypotheken und im Hypothekenwucher angelegte Privateigentum zugunsten der verschuldeten, von Wucherern ausgesogenen Bauern. Diese eine Maßregel, die sofort die ganze Landbevölkerung am Aufstand interessiert hätte, setzt aber ein viel größeres Terrain und viel entwickeltere Gesellschaftszustände in den Städten voraus, als die Pfalz sie besitzt. Sie war nur möglich im Anfang der Insurrektion, zugleich mit einer Ausdehnung des Aufstandes nach der Mosel und Eifel, wo dieselben

Zustände auf dem Lande existieren und in der industriellen Entwicklung der rheinischen Städte ihre Ergänzung finden. Und ebensowenig wie von Baden war von der Pfalz aus die Bewegung nach außen getrieben worden.
aus: Friedrich Engels, Die dt. Reichsverfassungskampagne

In Folge der grundschlechten Finanzverwaltung blieben nicht nur die substantiellen Kräfte aus, womit die Vertheidigungsmittel beschafft werden sollten, sondern die Hebel selber, welche zur allgemeinen und insbesondere zur finanziellen Verwaltung angesetzt werden mußten, standen still, so lange es am Nöthigsten fehlte, mit andern Worten: so lange der Revolutionszustand dauerte. Mit Hülfe von Beamten sollte das Land verwaltet, sollten alle eben besagten Finanzmaßregeln ausgeführt werden; diese selbst waren neu anzustellen, aber sie konnten mit keinem Kreuzer besoldet werden! Suche sich Einer Beamte, die ihren Kopf riskieren, indem sie einer revolutionären Regierung dienen, einzig aus der Klasse, welche Vermögen genug besitzt, um unentgeltlich arbeiten zu können! Und wenn sie sich gefunden hatten, so waren sie erst wieder gelähmt, denn sie konnten doch das nothwendige Subalternpersonal nicht aus ihrer Tasche bezahlen. So wiederholte sich denn in den obersten Verwaltungsstellen, beispielsweise bei den Civilkommissären, auf denen fast Alles lastete, dasselbe Schauspiel wie bei der Regierung. Sie mußten alle Verrichtungen persönlich besorgen, was eine Unmöglichkeit war. Ich kannte Civilkommissäre, die nicht das Geld hatten, um die Schreibmaterialien ihres Büreaus anzuschaffen, aber einen Geschäftskreis, zu dem mindestens zehn Menschen nöthig gewesen wären. – Wenn es zur Neubesetzung der wichtichsten Justiz- und Verwaltungsposten an Leuten fehlte, so war jedenfalls diese Aussicht auf unentgeltliche Dienste ein Hauptgrund dazu. Daß es unter so bewandten Umständen an allen kleineren Hülfsmitteln fehlte, deren eine revolutionäre Gewalt bedarf, versteht sich von selbst. Die Presse mangelte in des Wortes buchstäblicher Bedeutung. In Kaiserslautern, am Sitz der Regierung, war nur eine armselige Handpresse, auf welcher das einzige im Dienste der Regierung geschriebene, unansehnliche und ganz lokale Blättchen, der »Bote für Stadt und Land» gedruckt wurde. Dieselbe Presse mußte für das Amtsblatt und die Proklamationen verwendet werden. Dadurch wurde die Publikation aller Regierungsmaßregeln durchschnittlich um mehrere Tage verspätet.
aus: Ludwig Bamberger, a.a.O.

Ich komme endlich zur Hauptsache, zur militärischen Organisation. Ungefähr dreitausend Pfälzer aus der bayrischen Armee waren mit Sack und Pack übergegangen. Eine Anzahl Freiwilliger, Pfälzer und Nichtpfälzer, hatten sich zu gleicher Zeit unter die Waffen gestellt. Zudem dekretierte die provisorische Regierung die Aushebung des ersten Aufgebots, zunächst aller Unverheirateten vom achtzehnten bis zum dreißigsten Jahre. Diese Aushebung ging aber nur auf dem Papier vor sich, teils aus Unfähigkeit und Nachlässigkeit der Militärkommissäre, teils aus Mangel an Waffen, teils durch die Indolenz der Regierung selbst. Wo, wie in der Pfalz, der Mangel an Waffen das Haupthindernis aller Verteidigung war, mußten alle Mittel aufgeboten werden, um Waffen aufzubringen. Waren vom Ausland keine herbeizuschaffen, so mußte jede Muskete, jede Büchse, jede Jagdflinte, die in der Pfalz aufzutreiben war, hervorgeholt und in die Hände der aktiven Kämpfer gegeben werden. Es waren aber nicht nur sehr viele Privatwaffen vorhanden, sondern auch noch wenigstens 1500 bis 2000 Gewehre, die Karabiner ungerechnet, in den Händen der verschiednen Bürgerwehren. Man konnte mindestens verlangen, daß die Privatwaffen und die Gewehre derjenigen Bürgerwehrmänner abgeliefert würden, die zum Eintritt ins erste Aufgebot nicht verpflichtet waren oder die nicht als Freiwillige darunter eintreten wollten. Aber nichts der Art geschah. Während an Gewehren ein allgemeiner Mangel war, herrschte dagegen ein ebenso merkwürdiger Überfluß an Schleppsäbeln. Wer kein Gewehr bekommen konnte, hing sich um so eifriger ein klirrendes Schlachtschwert um, als er sich dadurch allein schon zum Offizier gestempelt glaubte. In Kaiserslautern namentlich waren diese selbstgestempelten Offiziere gar nicht zu zählen, ertönten die Straßen Tag und Nacht vom Gerassel ihrer fürchterlichen Waffen. Besonders waren es die Studenten, die sich durch diese neue Manier, dem Feinde Schrecken einzujagen, und durch ihre Prätention, eine akademische Legion von lauter Kavalleristen zu Fuß zu bilden, seltene Verdienste um die Rettung des Vaterlandes erwarben.
aus: Friedrich Engels, Die dt. Reichsverfassungskampagne

Ein Augenzeuge schildert das Korps Luchesis, der mit einem Weibsbilde in Amazonentracht zur Seite in Oberhochstadt einmarschierte, also: »Dasselbe hatte eine blutrote Fahne mit der

Inschrift: ›Robert Blums Rachekorps‹. Es bestand aus etwa 80 Mann, Gesindel, wie ich es noch nie gesehen und nicht mehr zu sehen hoffe. Sie schienen überall her zusammengeblasen zu sein, und waren Kerls mit wahren Banditengesichtern, in einem Aufzuge, den ich genug dadurch bezeichnen kann, daß ich sie eine zweite verschlechterte Ausgabe von Sansculottes nenne. An der Kopfbedeckung trug jeder pflichtlich ein rotes Abzeichen. Darin bestand allein Uniformität. Die Bewaffnung war ebenso buntscheckig, Flinten, Spieße, Sensen, Stöcke und manche trugen blos einen Sack (!) nach.«
Vor dem Abmarsch der Schar hielt eine schöne, freiheitsbegeisterte Kirchheimbolander Jungfrau, die Tochter eines sehr vermöglichen, aber auch mit dem Revolutionsstrom fortgerissenen Beamten, eine feurige Ansprache an die Helden in spe, und schärfte besonders dem Fahnenträger ein, die der Donnersberger Freischar von den Frauen und Jungfrauen gewidmete prachtvolle Fahne bis zu seinem letzten Blutstropfen zu verteidigen. Trotz des bisher zwischen der schönen Sprecherin und dem Fahnenträger bestandenen Standesunterschieds, da sie den gebildeten Kreisen und er dem Proletariat angehörte, wollte sie doch den Beweis liefern, daß sie es nicht allein mit der Freiheits-, sondern auch mit der Gleichheits-Idee ernstlich meine, indem sie dem Träger der schwarz-rot-goldenen Fahne das Versprechen gab: »Wenn Du das Dir anvertraute Gut im Kampfe gut verteidigst und wieder zurück in die Heimat bringst, werde ich Dich heiraten.«
aus: Otto Fleischmann, Geschichte des pfälzischen Aufstandes, Kaiserslautern 1899

Mit der Bewaffnung ging es in der Pfalz noch schlechter als mit den Finanzen, und das will gewiß viel sagen. Es lag nämlich trotz aller Armuth noch einiges Geld für Gewehre da, die nicht aufzutreiben waren. Die Ungeschicklichkeit der Agenten der Regierung und der Mangel an Kraftaufwand in diesem Punkte sind unbeschreiblich. In Frankreich war allerdings die Ausfuhr und direkte Durchfuhr nach Deutschland von jeher verboten. Aber im Laufe von acht Wochen wurde auch nicht eine Flinte für die Pfälzische Regierung herübergeschmuggelt. Die Durchfuhr von Waffen nach der Schweiz war gestattet, man benutzte dieses Auskunftsmittel lange Zeit nicht. Endlich fiel man darauf. Am

selben Tag kam die Nachricht, daß Frankreich auch die Durchfuhr nach der Schweiz verboten habe. So gesellte sich überall Mißgeschick zu den linkischen Anstalten. Fünf Minuten vor der pfälzischen Grenze wurden 70 Zentner Pulver von den Preußen abgefaßt. Endlich setzten die nach Belgien geschickten Agenten dem ganzen Bewaffnungsgeschäfte die Krone auf. Sie waren mit 20000 fl. nach Lüttich gereist, um Gewehre zu kaufen, sauer erworbenen 20000 fl. Was thun sie? Sie schließen einen Kauf ab, zahlen schnell im Hochgefühl ihrer Solidarität das Geld dafür an die Fabrikanten aus und thun hernach erst die Augen auf nach einem Weg, die Gewehre in die Pfalz zu bringen. Aber da gab es keinen mehr, selbst nicht durch Frankreich nach der Schweiz, und nun kamen die Trefflichen mit langen Gesichtern nach Hause, ohne Geld und ohne Waffen und mit dem Trost, daß die provisorische Regierung für 20000 fl. schöne Flinten in Lüttich habe. Durch solcherlei Hantierungen geschah es, daß der Totalbestand dessen, was die Pfälzer Regierung von Anfang bis zu Ende an Gewehren acquirirte, die Zahl von 60 Stück, sage sechzig Stück, nicht überschritt!
aus: Bamberger, a.a.O.

Bayern und Baden baten Preußen um Beistand gegen die Aufständischen (auch Bayern war sich seiner Truppen keineswegs sicher). Preußen sagte zu, u.a. auch deshalb, um seinen Einfluß gegen Österreich in Süddeutschland zu stärken und seine Vorherrschaft in Deutschland durchzusetzen. Die Österreicher konnten deshalb nicht zu Hilfe gerufen werden, weil ihre Truppen gegen die aufständischen Ungarn gebraucht wurden.

Obgleich der Einmarsch der Preußen und der Befehl zum Rückzuge der pfälzischen Truppen von den Wohlunterrichteten schon mehrere Tage erwartet worden, so hatten diese Ereignisse doch die Wirkung, die gemütliche Verwirrung, die seit dem Ausbruch des Aufstandes in Kaiserslautern geherrscht hatte, bedeutend zu erhöhen und zu einer recht ungemütlichen zu machen. Des Befehlens und Anordnens und Widerrufens von Befehlen war kein Ende, und das Durcheinander wuchs von Stunde zu Stunde, bis es endlich zum wirklichen Aufbruch kam. Wenn ich nicht irre, war es in der Nacht vom 13. auf den 14. Juni. Mit unserer Artillerie gab's allerdings nicht viel Schwierigkeit, da sie, wie schon erzählt, aus sehr wenigen Stücken bestand. Um zwei Uhr nachts stiegen wir zu Pferde. Ein Nachtmarsch ist fast immer eine trübselige Geschichte, besonders aber ein Nachtmarsch rückwärts. Doch muß ich gestehen, daß mich das dumpfe Rollen der Räder auf der Straße, das summende und schnurrende Geräusch der Marschkolonne, das leise Schnauben der Pferde und das Klirren der Säbelscheiden in der Finsternis als etwas besonders Romantisches berührte. Darin fand ich viel Sympathie bei der Frau meines Chefs, Mathilde Franziska Anneke, einer noch jungen Frau von auffallender Schönheit, vielem Geist, großer Herzensgüte, poetisch feurigem Patriotismus und ausgezeichneten Charaktereigenschaften, die ihren Mann auf diesem Zuge zu Pferde begleitete.

Ich erinnere mich noch des gemeinsamen Entzückens, als wir in jener Nacht bei einem Wirtshause an der Straße vorüberritten, wo einige Freischärler, bärtige Gesellen in schwarzen befiederten Filzhüten und phantastisch ausgeschmückten Blusen, die Kugelbüchsen über die Schultern gehängt, sich bei dem matten Schein einer Kerze um die Wirtin drängten, die ihnen Wein einschänkte. Dieses Bild hätte einer Illustration zu Schillers Räubern vorstellen können. Überhaupt gab es unter unsern Kriegsvölkern malerische Effekte in Fülle. Da der bei weitem größte Teil der pfälzischen Volkswehr nicht uniformiert war und jeder Soldat mit Ausnahme der Waffen, so ziemlich für seine eigene Ausstattung zu sorgen hatte, so fand der individuelle Geschmack verführerischen Spielraum.

Manche der Leute bestrebten sich, als Krieger möglichst wild und schreckhaft auszusehen, und so ließen sie nicht allein dem Bartwuchs alle erdenkliche Freiheit, sondern bedeckten ihre Hüte mit Federn, unter denen die roten besonders beliebt waren, trugen Überwürfe in schreienden Farben, und steckten, wenn sie deren habhaft werden konnten, mörderisch blinkende Dolche oder Jagdmesser in ihre Gürtel. So gab es denn unter uns Wallensteinslagergestalten genug, die fürchterlich erschienen wären, hätten sie nicht gar so gutmütige Gesichter gehabt.

Mit Sonnenaufgang nach diesem ersten Nachtmarsch fanden wir uns bei Frankenstein in einem scharf eingeschnittenen Tal zwischen mittelhohen Bergrücken, wo wir quer über die Straße nach Neustadt eine Defensivstellung einnahmen. Ein kalter Morgen bringt unter solchen Umständen ein Gefühl durchaus unromantischer Nüchternheit mit sich, und ich machte die Erfahrung, daß dann ein warmer Trunk, sei der Kaffee auch noch so dünn, und ein Stück Brot zu den großen Wohltaten des Lebens gehört. Die Preußen drängten nicht scharf nach, und wir blieben den Tag über durchaus ungestört bei Frankenstein im Biwak. Am 15. und 16. Juni wurden die pfälzischen Truppen bei Neustadt an der Hardt und Edesheim zusammengezogen. In dieser reichen Gegend bezeugte uns die Dorfbevölkerung ihre freundliche Gesinnung vorzüglich damit, daß sie an den Türen vieler Häuser große Eimer voll Wein und dabei blecherne Schöpflöffel aufstellte, damit die vorüberziehenden Truppen sich daran laben möchten. Der geleerte Eimer wurde gewöhnlich sofort durch einen vollen ersetzt.

Dort sah ich auch zum erstenmal den damaligen Freischarenführer und Obristen Blenker, der später in der ersten Periode des Rebellionskrieges in den Vereinigten Staaten als Brigadegeneral viel von sich reden machte. Er war eine ausnehmend stattliche, martialische Gestalt und vortrefflicher Reiter, und wie er, glänzend ausstaffiert, an der Spitze seines Stabes daher sprengte, imponierte er mir gewaltig. Der Anblick mehrerer wohlbewaffneter Bataillone erfrischte einigermaßen den durch den Rückzug getrübten Mut unserer Truppen, und es erscholl hier und da der Ruf, daß man nun die »sakermentschen Preußen« erwarten solle. Aber der Rückzug wurde doch fortgesetzt und die Pfalz ohne Schwertstreich gänzlich aufgegeben. Am 19. Juni gingen wir, etwa 7 bis 8000 Mann stark, bei Knielingen über den Rhein auf badisches Gebiet und marschierten nach Karlsruhe.

aus: Carl Schurz, Lebenserinnerungen, a. a. O.

Wieder in Baden

Mit der Presse im engsten Zusammenhang stand das Vereinswesen; sie trugen und hielten sich gegenseitig. Als die Regierung im Juli 1848 die demokratischen Vereine, wegen ihrer offen erklärten republikanischen Tendenz, verboten hatten, bestanden dieselben als Volksvereine fort und gewannen bald eine Ausdehnung, die ein Theilnehmer auf 20000 Mitglieder anschlägt, ohne die assiliirten Arbeiter-, Turn- und andere Vereine. Ihre Taktik, sagt er, ging jetzt auf die großen Massen, um durch diese das Ministerium und vor Allem die Kammer zu vernichten, ja er versichert, daß schon ziemlich frühe eine Partei in diesen Vereinen hervortrat, welche »unbedingt für die sofortige Erhebung war«. Einstweilen begnügten sich diese Vereine und ihr leitender Ausschuß, den Petitionensturm zu organisiren, die Volksvereine nach Kräften zu vermehren und das Ganze zu einer compacten Macht zu gestalten, die einen Staat im Staate bildete und deren Leiter der legitimen Regierung gewissermaßen als Gegenregierung gegenüberstanden.
Diese Vereine standen nicht isolirt; schon seit dem Sommer des Jahres 1848 war von der republikanischen Partei eine verzweigte Organisation des Clubwesens versucht worden, und die Gründung der »Märzvereine« hatte den handgreiflichen Zweck, unter einem etwas laxen und dehnbaren Programm eine Menge von politischen Schattirungen der Linken in diese Organisation einzufügen. Der Congreß, welchen die »deutschen Demokraten« später in Berlin hielten, bewies wenigstens das Eine, daß diese Associationen in einem steten Zusammenhang mit einander standen und eine gemeinsame Direction aller der zerstreuten Vereine in ganz Deutschland beabsichtigt ward. Mit den revolutionären Vereinen des Auslandes stand diese Clubdemokratie in Verkehr und oft in vertrauter Verbindung; mit den Flüchtlingen, die nach den beiden mißlungenen Schilderhebungen in Baden nach der Schweiz zurückgedrängt waren, ebenfalls. Emissaire durchflogen Deutschland; schon im September 1848 z. B. waren, nach einem Schreiben des Berliner Centralausschusses, solche Agenten nach Wien, nach Hessen, nach Baden und Württemberg und nach Norddeutschland abgeschickt worden. Wir werden, hieß es in demselben Schreiben, nicht durch Parlamente siegen, sondern durch eine neue Revolution.

Für uns besonders bedeutend war die Thätigkeit der deutschen Flüchtlinge in der Schweiz; sie waren ein Contingent, das fast ausschließlich gegen Baden in Bereitschaft gehalten ward. Wir sind, schrieb der »Centralausschuß der deutschen Demokraten« an die »Centralcommission der deutschen Arbeitervereine in der Schweiz« am 29. Januar 1849: wir sind jetzt lebhaft bemüht, eine immer festere Organisation in die demokratische Partei hineinzubringen, deren Nothwendigkeit die Ereignisse des vorigen Jahres unwiderstreitbar dargethan haben. Die Ereignisse dieses Jahres müssen uns wohlorganisirt und wohlgerüstet finden.

Das Einverständnis zwischen dem »Centralausschuß« der deutschen Demokraten und den schweizerischen Arbeitervereinen war schon seit Herbst ein sehr inniges; im Dec. trat der Berner Verein auch mit dem Frankfurter Märzverein in Verbindung, jedoch ohne engeren Anschluß, indem die Vereine in der Schweiz sich ausdrücklich für die demokratisch-sociale Republik erklärten.

Im Februar 1849 hatte der Centralverein von Bern Verbindungen mit Constanz angeknüpft; im März meldete er den anderen Vereinen, daß der von Lyon sich anzuschließen wünsche, und theilte zugleich die von Berlin erhaltenen Druckschriften mit. »Mit diesen Sendungen, heißt es in einem Kreisschreiben an alle Vereine, wird nun regelmäßig fortgefahren werden, damit wir immer von den Bewegungen des großen Bundes in Kenntniß sind. Wir werden aber auch ersucht, unsere Zuschriften nach Leipzig zur Mittheilung an andere Vereine in 20 Exemplaren einzusenden. Die weitere Ausdehnung unserer Vereinigung und diese nähere Verbindung mit Deutschland erfordern aber, daß wir, um unsre Correspondenz genügend zu besorgen, eine Presse anschaffen müssen.«

Diese Verbindungen, denen der »Märzverein« natürlich viel zu wenig entschieden war, lehnten sich also an den Südosten Frankreichs, an die welsche Schweiz an und unterhielten zunächst lebhafte Verbindungen mit Süddeutschland, namentlich mit Baden. In der Correspondenz wird die »weitere thätige Ausdehnung der Verbindung im Seekreis«, die Abschließung eines näheren Verhältnisses mit den Arbeitervereinen in Freiburg im Breisgau und Mannheim dringend empfohlen. Der Verein zu Basel stand mit dem Lörracher Verein in Verbindung und beschloß auch später, einen Abgeordneten nach Offenburg abzusenden. In dem weiteren Verlaufe der Mairevolution werden wir der Thätigkeit und Theilnahme dieser Vereine weiter begegnen. Hatten zunächst diese Verbindungen in der Schweiz für Baden die Bedeutung, daß sie an den Grenzen die Aussicht auf eine neue Schilderhebung immer wach erhielten und – Dank der unverantwortlichen Connivenz einzelner Schweizerbehörden – bei jedem kleinen Handstreich, z. B. beim Septemberaufstand, sofort eine Masse schlagfertiger Kräfte zur Verfügung stellten, so darf man auch nicht übersehen, wie dieses Clubwesen sich netzförmig über einen guten Theil Mitteleuropas verbreitete. Eine unsichtbare Kette von Vereinen, die sich einerseits von Paris nach Lyon, Genf und die westliche Schweiz nach Süddeutschland, andererseits durch die Rheinlande nach Mitteldeutschland, Berlin und Wien verzweigte, war nicht so leicht zu zerreißen, und in Baden besonders war es geradezu unmöglich, mit den vorhandenen Mitteln der gefährlichen Existenz dieser republikanischen Verbindungen entgegenzuwirken. In Sachsen, in den Rheinlanden, in Westphalen, in der Pfalz hatten sich diese Vereine, wie die Maiaufstände beweisen, ebenso gut organisirt wie in Baden; nur trafen hier besondere Ursachen zusammen, den Schlag stärker und den Widerstand nachhaltiger werden zu lassen, als in den anderen Gegenden Deutschlands.

Im Laufe des Winters und während der ersten Monate des Jahres 1849 hatten der Landesausschuß wie die Kreisausschüsse in Baden eine außerordentliche Thätigkeit entfaltet. Größere und kleinere Versammlungen drängten sich, die Emissaire wählten sich jetzt namentlich das platte Land zum Felde ihrer Thätigkeit aus und überall, auch in den kleinsten Ortschaften, versuchte man »Volksvereine« zu gründen, oder auch durch größere Versammlungen theilnamlosere Gegenden aufzuregen.

In jedem Falle war aber zunächst für Baden erreicht, was der »provisorische Landesausschuß« in seinem Ausschreiben vom 8. Januar als Ziel vorgesetzt hatte: »Es wurde in Frankreich die Februarrevolution durch die im ganzen Lande bestandenen politischen Clubs und durch die große Verbreitung der politischen, die freie Presse im ganzen Umfang benützenden Tageblätter vorbereitet, und als kaum der Kampf in Paris zu Ende war, standen auch schon aller Orts durch ganz Frankreich die im Voraus bezeichneten Männer der republikanischen Partei an der Spitze der Bewegung und führten rasch die Beschlüsse der provisorischen Regierung aus.«

Bedurfte es überhaupt noch eines Mittels, die Begriffe über Gesetz und Ordnung vollends zu verwirren, so ward durch die politischen Processe, die im März und April vor den Freiburger Assisen abgehandelt wurden, das Menschenmögliche geleistet. Hier feierte die Demagogie ihre eigentlichen Saturnalien: sie war auf dem Höhepunkt ihrer Dreistigkeit angelangt, und jeder Besonnene mußte die Überzeugung mitnehmen, daß bis zum Äußersten nur noch wenig Schritte zu thun waren.

Der Gerichtssaal ward zur Volksversammlung, wo man gegen Monarchie, Regierung und Ministerium lärmte, die Zuhörer zur ungeduldigen Claque, die den zügellosesten Kraftreden Beifall zujubelte und das Wort der Richter und Ankläger verhöhnte. Die radicale Presse nahm sorgfältig Act davon, wenn dies würdige Publicum bei den ernstesten Berufungen auf das Gesetz in »lautes Lachen« oder »Hohngelächter« ausbrach, wenn es bei einzelnen Vorentscheidungen des Gerichtshofs Zeichen des »entschiedensten Unwillens« von sich gab, oder wenn es die ruhige Erörterung des Staatsanwalts über das Verbrechen des Hochverraths mit »lauter Misbilligung und fortdauernder Verhöhnung des Sprechers« unterbrach.

Es ist wahr, gegenüber solchen Angeklagten, Vertheidigern und einem solchen Publicum konnte die Würde und der Ernst jedes Richters wenig Einfluß üben. Appellire einer an Zucht und Rechtsgefühl, wo die Büberei die Masse für solche Eindrücke unzugänglich gemacht hat. Aber gleichwohl war dem Gebahren der Straßen- und Barrikadenredner gegenüber – denn anders benahmen sich die Menschen nicht – war der Zuchtlosigkeit der Claque gegenüber mehr Energie zu zeigen, als in Freiburg geschehen ist. Man mußte das Aergerniß erleben, daß die ganze Verhandlung, von der Anklage an bis zu den mißliebigen Zeugenaussagen herab, durch die Advocaten einer Kritik unterworfen ward, deren Ton und Inhalt ganz an die revolutionären Blätter erinnerte, oder daß jeden Tag, ja jede Stunde die Verhandlung auf das Gebiet der politischen Discussion über Republik und Monarchie hinübergespielt ward, ohne daß die Staatsanwälte mit der Entschiedenheit, die das verdiente, solche Abschweifungen zurückwiesen. Kein Wunder, wenn die ehrenwerthen Vertreter der Staatsgewalt im Wortgefecht gegen zungenfertige Clubredner den Kürzeren zogen und man ihnen von der Bank der Vertheidiger höhnisch vorwerfen konnte, Jeder von ihnen habe ein verschiedenes politisches System! Als wenn es sich hier um politische Ansichten und Systeme gehandelt hätte,

und nicht um klares, unzweideutiges Recht. Ließen sich die Anwälte viel zu sehr in die politischen Dialogen mit den Gegnern ein, so ließ es auch der Präsident mitt allzu großer Nachgiebigkeit zu, daß man die Stätte der Justiz zum politischen Club umgestaltete.
Die Geschworenen waren meistens Landleute aus dem Oberlande. Sie wurden anfangs von der radicalen Presse als Beamtengeschworene bezeichnet, weil sie der Mehrheit nach nicht zur Partei gehörten, bewiesen sich aber alsbald als unerfahren, ohne klare Einsicht in das Wesen des neuen Instituts und der Einschüchterung und Bearbeitung nicht unzugänglich. So ist jenes monströse Urtheil zu begreifen, das eine Art von Compromiß war unter den ganz Verkauften und unter denen, die zwischen ihrem Gewissen und dem Parteiterrorismus einen Mittelweg suchten. So ist es zu begreifen, daß Struve's Betheiligung am Aprilaufstande verneint ward, weil das »in Folge der Revolution geschehen sei,« daß den Unternehmungen im September der unsinnige Beisatz »ohne Vorbedacht mit mildernden Umständen« angehängt ward, oder daß die Geschworenen die Existenz eines Gefechts bei Staufen läugneten!
Daß junge Geschworene in politischen Processen häufig verkehrte Urtheile abgeben, ist eine gewöhnliche Erscheinung, und zeugt eben nur gegen jene Staatskunst, welche es versäumt, in minder bewegten Zeiten das Volk für solche Institutionen großzuziehen. Aber das Urtheil der Jury von Freiburg deutete auf sehr betrübte und krankhafte Zustände; man wußte nicht, was niederschlagender war, das Urtheil oder der Eindruck. Die Radicalen waren nur halb zufrieden, sättigten sich aber an dem Triumphe, die Angeklagten von der eigentlichen Anklage entbunden zu sehen. Die Conservativen erschienen ihrerseits auch nur halb befriedigt, fanden aber doch eine Genugthuung darin, daß die beiden Verurtheilten wenigstens auf fünf Jahre unschädlich gemacht schienen!
Nur der kleinste Theil fühlte die tiefe Wunde, die damit dem Rechte und dem Rechtsbewußtsein im Volke geschlagen worden war. Der Richterspruch in Freiburg hatte das Schlimmste gethan: die Geschworenen hatten zwischen ihrem Gewissen und dem Parteiterrorismus eine Capitulation versucht. Indem sie Struve und Blind von den schwersten Anklagen freisprachen, machten sie dem Parteigeist der Extremen die erwünschte Concession, indem sie bei anderen Fragen ihr Schuldig aussprachen,

fanden sie sich mit ihrem Gewissen ab. Es zeichnet die ganze Verworrenheit aller sittlichen und rechtlichen Begriffe, daß diese Markten zwischen Recht und Unrecht von vielen sonst ehrenwerthen Leuten noch als ziemlich respectabel angesehen ward. Was sollten erst die Rothen sagen, denen ohnedies Freiheit, Recht und Gesetz nur insofern galten, als sie in den Parteikram taugten!

Die Revolutionäre mochten Recht haben, wenn sie im Stillen triumphierten: in der That waren nun die Vorstellungen von Recht und Gesetz vollends erschüttert. Die Leute im Volke mußten nun um so eher glauben, daß die Revolte das leichteste Verbrechen in Baden sei, als seit 12 Monaten nicht in einem einzigen Falle die gesetzlich vorgeschriebene Strafe ausgesprochen worden war. Auf die Soldaten, namentlich auf die, welche in der Umgegend garnisonirten, machte, wie wir aus zuverlässiger Quelle wissen, der Spruch den bedenklichsten Eindruck. Die Geschworenen, sagten Viele, stellen das Gefecht bei Staufen in Abrede und wir sind doch dabei gewesen. Unsere Kameraden, meinten Andere schon während des Processes, hat man wegen Insubordination ins Zuchthaus gesetzt und den Struve wollen sie freisprechen! Auch hier mußte sich der Gedanke aufdrängen, daß für die Empörung eine ganz eigene und exceptionelle Beurtheilung und Bestrafung in Baden üblich sei.

aus: Ludwig Häusser, Denkwürdigkeiten zur Geschichte der Badischen Revolution, Heidelberg 1851

Häusser, Ludwig, deutscher Geschichtsschreiber, 1818–1867. 1850 wurde er zum außerordentlichen Professor befördert ... Im November 1848 in die ... badische Kammer gewählt ... Jedem gewaltsamen, revolutionären Beginnen abhold, blieb er der Mairevolution von 1849 fremd, trat 1850 wieder in die Kammer ein.

aus: Meyers Konversationslexikon, Leipzig/Wien 1897

An die elenden Brudermörder und an die braven republikanisch gesinnten Soldaten in Baden.

Wiederum habt ihr bewiesen, daß ihr die dumme und willenlose Maschine seid in der Hand der Volksunterdrücker. Mehr noch, ihr wüthet selbst wie die reißenden Thiere gegen eure waffenlosen Brüder und hauet und stechet sie auf die blutdürstigste Weise nieder.

0 20 40 60 km
Rhein
Mosel
Saar
Neckar
Donau
Bad Kreuznach
Oppenheim
Darmstadt
Alzey
Kirchheimbolanden
Pfeddersheim
Fürth
Heppenheim
Hemsbach
Weinheim
Baumholder
Lauterecken
Göllheim
Worms
Frankenthal
Käferthal
Heddesheim
Ladenbg.
Eberbach
Dürkheim
Freinsheim
Kaiserslautern
Landstuhl
Ludwigshafen
Hirschhorn
Neunkirchen
Homburg
Neustadt
Speyer
Meckesheim
Edenkoben
Zweibrücken
Waghäusel
Pirmasens
Annweiler
Landau
Germersheim
Impfingen
Ubstadt
Bruchsal
Eppingen
Kandel
Knielingen
Bretten
Karlsruhe
Durlach
Rastatt
Gernsbach
Oos
Strasbourg
Offenburg
Villingen
Furtwangen
Freiburg
Donaueschingen
Neustadt
Todtnau
Stühlingen
Schaffhausen
Thiengen
Rheinau
Konstanz
Lörrach
Basel
Rheinfelden
Eglisau
FRANKREICH
SCHWEIZ
Bereitstellungsräume der bad.-pfälz. Volksarmee
Operationen der pfälzischen Volksarmee
Operationen der badischen Volksarmee
Bereitstellungsräume der konterrev. Armeekorps
Operationen der konterrev. Armeekorps
H. Handschuhsheim
Hei. Heidelberg
M. Mannheim
N. Neckargmünd
R. Rinnthal

Das habt ihr getan, ihr Hunde, und tut es ferner noch! Und gegen wen habt ihr das getan? Etwa gegen eure Feinde? Nein, gegen diejenigen, die euch erzogen, gepflegt und geliebet haben, gegen das Volk habt ihr das getan. Nimmermehr soll der Fluch des Volkes auf seine Fürsten fallen, denn sie wären machtlos und todt, wenn ihr Elenden sie nicht unterstützet. *Auf euch allein komme der Fluch des Volkes,* und wie ein Gespenst soll das Elend des Volkes euer Gewissen verfolgen und nicht ruhen, bis euch die Qual getötet hat. Jeder Bissen Brotes, den ihr esset, sei ein Gift, das euch die Seele in dem Leibe zerstöre. Nicht eine bloße Redensart soll dies sein. Weib, nimm Arsenik und Blausäure und vergifte ihnen ihre Speise und ihre Getränke. Mann, greif' zu Dolch und Schwert und kehre es in ihren Eingeweiden um! Selbst die wehrlosen Musikanten, welche sich in einem Hause in Staufen versteckt hielten, mordetet ihr auf die schrecklichste und grausamste Weise hin, gegen alles Kriegsrecht. Wo morden ehrliche Soldaten wehrlose Leute? wo mordet man im Kriege Musikanten? Nur ihr elenden Bluthunde vermochtet das zu thun.

Aber das Volk wird einst eine schreckliche Rache nehmen an euch Elenden. Sobald einer von diesen schlechten Vater- und Brudermördern wieder zurück in seine Heimat kommt, so schießt ihn nieder, ihr braven Bürger, bei Tag oder bei Nacht und Nebel, wo ihr die beste Gelegenheit habet. Die Zeit wird kommen, wo an jedem Baum des Feldes einer von euch verfluchten Vater- und Brudermördern *hängen* wird. Das sagen wir euch, ihr Hundeseelen, ihr Hundesoldaten, ihr Vater- und Brudermörder.

Wir wissen wohl, daß es noch viele edle Soldaten gibt, welchen das Wohl des Volkes als ihr eigenes am Herzen liegt. Darum an euch, ihr lieben Brüder, *an euch republikanischgesinnte Soldaten* ein Bruderwort des Wohlwollens, der Liebe und Freundschaft. Wir wissen wohl, teure Brüder, daß viele von euch nur gezwungen, von euren *lausigen adelichen* Offizieren gegen das Volk marschierten. Darum schießt die Hunde, eure Offiziere, tot und wählet aus euch selbst eure Offiziere.

Liebe Brüder, ihr republikanischgesinnten Soldaten! stellet euch daher an die Spitze des Volkes, *werdet unsere Anführer!* Führt uns in den Kampf gegen die Fürsten und ihre vater- und brudermörderischen Soldaten! Gewiß wird dann der Sieg unser sein. Und ihr werdet Ruhm und Ehre und die Liebe und den Dank des Volkes ernten.

Treue Brüder! als *Republikaner* wißt ihr auch, für was ihr kämpfet. Ihr kämpfet ja für euer eigenes Wohl, für euer eigenes Glück, für eure eigene Freiheit. Ihr seid keine solche Narren, daß ihr euer Leben auf dem Schlachtfelde in die Schanze schlaget, damit die Fürsten und ihre adelichen Buben ihre Wollust mästen mit eurem Herzblut. Ihr mordet nicht eure Väter und Brüder, damit dadurch die Fürsten und ihre Buben das Geld des Volkes ungestört in den Armen ihrer Huren verprassen können. Umgekehrt, ihr schießet die schlechten Soldaten, die lausigen Offiziere, die Hunde von Beamten und Pfaffen und die Fürsten tot, damit das Volk einmal Ruhe und Frieden hat, damit sich das Volk einmal aus seiner Not erholen kann.
Euer Fahneneid, worin ihr Treue dem Fürsten geschworen habt, zu welchem ihr aber gezwungen worden seid, ist null und nichtig, und nur ein Schafskopf wird ihn halten.
Ihr Bürger aber, schließet Freundschaft mit diesen republikanisch gesinnten Soldaten, pfleget sie besser mit Speise und Trank und laßt ihnen eure ganze Liebe angedeihen. Die andern aber verachtet wie schäbige Hunde. Mit diesen republikanischen Soldaten müßt ihr eure Pläne machen, wie von den andern die Kanonen und Gewehre können genommen werden, wie die Offiziere wegzuschaffen sind und wie die Brudermörder können gehängt werden. Nur ein Narr wird noch diesen feigen Buben, seinen Offizieren, Gehorsam leisten. *Die republikanisch gesinnten Soldaten, unsere Brüder, sollen hoch leben! – Hoch lebe die deutsche Republik!*
aus: Friedrich Lautenschlager, Volksstaat, a.a.O.

Die badischen Truppen waren in den beiden ersten Aufständen ihrer Fahne treu geblieben; sie hatten im September rasch und ohne fremde Hülfe den Struveschen Einfall niedergeschlagen. Indessen war schon im April 1848 ihre Zuverlässigkeit zweifelhaft gewesen und wenn man sich der Ungewißheit jener Tage erinnerte, hatte es nichts Unerklärliches, daß auch sie nun, nachdem das Land ein volles Jahr im Zustande der permanenten Revolution gewesen, den allgemeinen Einflüssen unterlegen sind. Sie sind allerdings auf die allertraurigste Art unterlegen: nicht als Rebellen, die mit Grundsatz und Bewußtsein eine bestehende Regierungsform umwerfen, um eine neue an die Stelle zu setzen, sondern als eine wüste Bande, die der Zucht und Ord-

nung müde geworden, einer völligen Zügellosigkeit und Auflösung anheimfällt. Von einem republikanischen Aufstand, den Soldaten erregt oder unterstützt hätten, war keine Rede; Einzelne abgerechnet, war die große Mehrzahl auch im Moment der Katastrophe weder gegen den Großherzog noch für eine badische Republik gestimmt, aber Eines war vorherrschend: die Auflösung jeder Disciplin, der Untergang alles militärischen Zusammenhaltes, die Erschlaffung und Vernichtung aller derjenigen Bindemittel, welche die zusammengelosten Individuen zu einem festen moralischen Körper vereinigen.
aus: Ludwig Häusser, a.a.O.

Bilder aus dem Militäraufstand in Rastatt.

Die Disziplin unter dem Militär wurde immer lockerer und es wurde endlich anfangs Mai ein Soldat namens Stark, der eine aufrührerische Rede gehalten hatte, in Arrest gesteckt. Da versammelte sich ein brüllender Haufe von Kanonieren, Infanteristen, Festungs-Arbeitern u.s.w. vor der Leopoldskaserne und verlangten gebieterisch Stark's Freilassung. Die Kasernenwacht, welche die Menge wegtreiben sollte, tat ihre Schuldigkeit nicht, und so wurde Stark von seinem Major auf freien Fuß gesetzt. Wer aber diese Freilassung zurückwies, war Stark. Er dankte seinen Kameraden für die bewiesene Freundschaft, bemerkte jedoch, daß er auf diesem Wege seinen Arrest nicht verlassen wolle. Das sei nicht der »gesetzliche Weg«, den man doch einhalten müsse. Sein Hauptmann habe ihn in Arrest gesteckt, und der müsse ihn auch wieder frei lassen. Der Hauptmann ließ ihn dann frei, worauf die Tumultuanten sich allmählich entfernten.
Nachmittags ging jedoch der Teufel wieder los, weil das Gerücht ging, Stark sei wieder verhaftet worden. Als dieses Gerücht sich als falsch erwies, wurde von den geheimen Rädelsführern die Nachricht von anderen Verhaftungen unter die Menge geschleudert, die ebenso falsch war aber doch den gewünschten Erfolg hatte, die Soldaten in steter Aufregung zu erhalten und zu Gewalttätigkeiten zu verleiten. In der Wilhelmskaserne trieb Oberst v. Pierron nebst einigen anderen Offizieren die Meuterer mit blanken Säbeln von dannen. Als diese sich später vor Pierrons Wohnung zusammenrotteten, um Rache zu nehmen, ließen sie sich durch die Rede des Gefreiten Haas beschwichtigen.

Zgl.
Rheinau
Rethererberg
Rheinauer Br.
Zay
Kiblis
Lün.43.
Lün.39.
Ld. Str.
FORT C.
Schloss
FORT B.
Pegel 112,4 N.N
Schwimmschule
Schwalbenrain
RASTATT
(Schl. 124,7)
Kolbengarten
FORT A.
(Leopoldsfeste)
Bruch
Rohngraben
Lün.34
Lün.33
(122,5)
Münchfeld
Hurst
Exerzierplatz
Langenau
Oosbach
Steg

Nun ging es aber nochmals zur Leopoldskaserne. Der verhaftete Korporal Kehlhofer sollte befreit werden. Derselbe war ohne Urlaub über acht Tage aus der Garnison entfernt gewesen und deshalb heute nach seiner Rückkehr in Arrest gesteckt worden.
»Kehlhofer heraus!« brüllte die Menge. Der Wachkommandant, Hauptmann von Degenfeld, hatte sich mit der verstärkten Wachmannschaft vor dem Kasernentor aufgestellt. Als seine Aufforderung zum Auseinandergehen nicht beachtet wurde, als sogar die Tumultuanten der Wache sich näherten und aus dem Hintergrunde Steine auf dieselbe geworfen wurden, gab er Befehl, das Gewehr zu fällen und die Angreifer zurückzutreiben. Nur wenige Soldaten und ein Unteroffizier Rinkleff leisteten Folge.
»Kanonen holen!« brüllten die wütigen Kanoniere und rannten davon. Die anderen Haufen versprachen, sich zu entfernen, wenn die Wache in das Innere der Kaserne zurückgezogen würde. Im Augenblick, als dieses geschah, fielen Steinwürfe gegen die Offiziere, wodurch Oberst Hofmann schwer verletzt wurde. Als in diesem kritischen Augenblicke Oberst von Pierron mit einem Adjutanten vorbeiritt, wandte sich die Menge plötzlich gegen ihn; Schimpfworte, Steine und Faschinenmesser wurden nach ihm geschleudert! Ein Dragoner führte einen Hieb mit dem Säbel nach ihm, hieb aber bloß den Zügel des Pferdes ab. Der Adjutant faßte schnell entschlossen das Pferd beim andern Zügel und sprengte mit dem Oberst durch die brüllende Menge, die sich nun, es war mittlerweile dunkel geworden, wieder in die Stadt wälzte.
Hier wurde die Lüge unter sie geworfen, Hauptmann Degenfeld habe einen Mann erstochen. Man stürzt nach seiner Wohnung, findet ihn aber glücklicherweise nicht. Auch auf andere Offiziere wurde Jagd gemacht, aber vergebens. Nun stürzte das Gesindel in die Wohnung des Obersten Pierron, der glücklich in Eile von seinem Hausherrn geborgen wurde. Dagegen wurden in Gegenwart der Gattin und kranken Tochter die Möbel zertrümmert, und dann die alte Regimentsfahne, welche von Kugeln zerfetzt, Zeugnis gab von der Treue und Tapferkeit der badischen Truppen früherer Zeiten mitgenommen, und auf der Straße deren Krone zertrümmert. Einige ältere Soldaten wurden darüber doch erbittert, entrissen die Fahne dieser Schmach und brachten sie aufs Rathaus. Der Gouverneur, General von Cloßmann, war mit einer Abteilung Dragoner erschienen, um den Platz zu säubern;

die Dragoner aber waren nicht mehr zuverlässig, der General wurde durch Steinwürfe nicht unerheblich verletzt und wurde von Offizieren in seine Wohnung ins Schloß gebracht.
aus: Albert Förderer, Erinnerungen aus Rastatt, 1849

Nun war der Kriegsminister, General Hoffmann, mit dem Frühzuge der Eisenbahn von Karlsruhe abgegangen. Er trat während der Pause der Bewegung, gegen 8 Uhr, in die Festung [Rastatt] ein. Er besucht den Gouverneur; vom Bette aus gibt ihm dieser die trostlose Erklärung: Alles sei verloren, Nichts mehr zu machen, doch der Kriegsminister hatte in Karlsruhe den Obersten Hinckeldey befehligt, mit den 3 übrigen Schwadronen seines Regiments schleunig nach Rastatt aufzubrechen; ein Zug reitender Artillerie solle ihn begleiten. Sie kamen fast um die gleiche Zeit mit dem Minister an. Schon am Thore waren Festungskanoniere und Soldaten diesen Truppen mit dem Losungsworte: »Kameraden, ihr werdet doch nicht gegen eure Brüder fechten«, entgegengekommen. Die Haltung aber blieb fest; die Artillerie und ein Zug Reiter wurden in Rastatt, die übrigen in den nächsten Ortschaften einquartiert.
Major Maier und die Offiziere der Festungsartillerie hatten inzwischen die vorhandene Mannschaft ihrer Truppe im Schlosse geordnet; sie wurden vom Kriegsminister befehligt, im Schloßhofe anzutreten. Hier fragte er sie nach ihren Beschwerden; Alle schwiegen. Er fordert sie zur Ordnung auf; die Unteroffiziere versprechen dies, die Mannschaft verharrt im Schweigen.
Oberst v. Pierron hatte sich bei dem General eingefunden; beide gehen in die Wilhelmskaserne und lassen zur Versammlung schlagen; nach langer Zeit erschienen die dort liegenden Kompagnien; viele Mannschaft fehlt. Die gleiche Anfrage, die gleiche Ermahnung wird gegeben, der Erfolg ist der gleiche, wie bei der Artillerie. In den Baraken des Fort A (Leopoldsfeste) lagen noch einige Kompagnien des Regiments; auch diese werden besucht. Ein zahlreicher Haufe von Soldaten, Einwohnern, Neugierigen und Gesindel folgt dem General. Von einzelnen Bürgern hört man die Warnung, man wolle die Soldaten aus der Festung führen, um sie wegen der gestrigen Exzesse standrechtlich zu behandeln. Draußen würden sie dezimirt werden, wenn sie Folge leisteten. Diese Sage verbreitet sich mit Blitzesschnelle nach allen Seiten hin und entflammt die Wuth der Meuterer aufs Neue. Von

Soldaten und Proletariern werden schon beim Gasthaus zu den Drei Königen Steine nach dem General geworfen; er setzt indessen unbeirrt seinen Weg in das Fort fort.
Dort angekommen, die gleiche Frage. Hier hört man mannichfache Wünsche und Beschwerden. Das Brod sei nicht gut, die Löhnung zu klein; »sie wollen mit ihren Brüdern, der Bürgerwehr, vereinigt sein, sie wollen die Reichsverfassung, der Großherzog solle ihnen eine andere Verfassung geben«, – so tönte verworrenes Geschrei aus den Haufen, die dem General gefolgt waren, vermischt mit mannichfachen Drohungen.
Da trat der Gefreite Haas hervor und hielt eine scharfe Rede über den gestrigen Tumult, über das »ungesetzliche Betragen«. Plötzlich entstand eine tiefe Stille; die Haufen hatten sich schnell gewöhnt, ihren Wortführern unbedingt zu gehorchen. Haas verlangte nun unter Betheuerung seines »Sinnes für Gesetzlichkeit« die Erlaubniß, die Offenburger Versammlung zu besuchen. Der General sagte, die Obersten würden die Erlaubniß geben, sobald die Leute zeigten, daß dies ihre Gesinnung sei.
Von hier begab er sich, nachdem er die Mannschaften noch aufgefordert hatte, ihre Beschwerden, wenn sie dieselben vor den Offizieren nicht auszusprechen getrauten, in seiner Wohnung vorzubringen, zum ersten Regiment in die Leopoldskaserne. Die ziemlich zahlreich anwesende Mannschaft brachte weder Klagen noch Beschwerden vor. Es war um die Mittagsstunde, die Massen schienen beruhigt, der General ritt in die Stadt zurück.
Jetzt erst entwickelte sich die Thätigkeit der Wühler und die Zahl der letztern auf großartige Weise. Jetzt erst sah man die kleinen Wirtshäuser, die Bierschenken gefüllt mit Soldaten und Zivilpersonen der untern Stände, jetzt erst erblickte man unbekannte Gesichter, die wie Pilze über Nacht aufgeschossen schienen; ob sie Festungsarbeitern angehörten, ob sie die besitzlose Einwohnerschaft repräsentirten, ob sie in der Verwirrung der letzten Tage unbeobachtet in die Festung gekommen waren, wer mags entscheiden?
Da wurden Heckerlieder gesungen; der auf einem Besuche der Spitäler herumreitende General hörte Drohungen gegen sich ausstoßen, Drohungen gegen sein Leben wurden öffentlich laut und durch ergebene Unteroffiziere angezeigt. Die Oberoffiziere beschworen ihn, sein Leben nicht länger nutzlos Preis zu geben. Der Kriegsminister aber, ein Mann, der seinen persönlichen Muth im vorigen Jahre in Freiburg und Staufen augenscheinlich

bewährt hatte, verschmähte es, angesichts der wichtigen Sendung, die ihn hierher geführt hatte, den Platz zu verlassen, bis ihm die Unmöglichkeit offenbar sei, dieselbe zu erfüllen. Er zog die außerhalb der Stadt liegenden Schwadronen in die Stadt und besichtigte, nachdem er einige mündliche und schriftliche Anliegen der Soldaten, die von babylonischer Verwirrung der Köpfe zeugten, angehört und beantwortet hatte, mit seinem Bruder dem Hauptmann, die Stadt und die Forts. Kaum war er wieder auf die Straße gekommen, so mehrten sich daselbst die Gruppen der Soldaten; sie gingen den Dragonern entgegen, die von Rauhenthal »Guten Abend, Brüder! Gebt die Hände! Haltet Euch brav!« – dies waren die Reden, die man hörte; schon sah man einen und den anderen Soldaten den »Brüdern« mit den Augen zuzwinkern, im Vorüberreiten die Hand reichen.

Im Augenblicke, da die Meuterer das große Gartenthor des Schloßgebäudes öffneten und die Geschütze gegen die Dragoner richteten, da die zweite Schwadron gegen die im Schloßgarten andrängenden Haufen die Säbel zu ziehen sich weigerte, da von den Wällen des Fort B Schützen das Reiterregiment im Rücken angreifen wollten und nur mit Mühe von Oberlieutenant Müller vom Schießen abgehalten wurden, drangen eben jene von der Poststraße kommenden Haufen auf die vierte Schwadron ein, einer voran, welcher mit ausgebreiteten Armen sich vor die Pferde stellte und rief: »Greift Eure Brüder nicht an, vergießt kein Bruderblut!« Die Schwadron, durch ihren Aufenthalt während der letzten Tage teils von der Meuterei angesteckt, theils von Furcht erfüllt, daß sie gegen den Aufstand Nichts ausrichten könne, hatte, die Säbel meist in der Scheide, sich gegen die Straße in Bewegung gesetzt. Jetzt machte sie plötzlich kehrt und zerstreute sich in verworrenen Gruppen nach allen Seiten; der General gab nach verlorener Sache in diesem Augenblick den Befehl zum Rückzug durch eine zu diesem Zwecke von Oberlieutenant Kamm offengehaltene Poterne des Fort B.

Das bürgerliche Leben wies weniger Störungen auf. Fast nur an dem Verschwinden der Frauenhüte, die erst nach der preußischen Besetzung wieder zum Vorscheine kamen, an dem täglichen Drängen zum Bahnhofe, an der dort aufgestellten Wache, welche die Bahnzüge visitirte, um flüchtige Beamte, Soldaten oder »gerettetes« Geld zu sahen, bemerkte man das Vorhandensein der Revolution.

Von den Einwohnern verließen außer den Familien der Offiziere,

Beamten, vieler Staatsdiener auch manche wohlhabende Privatpersonen die Stadt.
aus: C.B.A. Fickler (ein Rastätter Lehrer), In Rastatt 1849, Rastatt 1899

Indessen war die Verschwörung allenthalben ausgebrochen. In Bruchsal standen zwei Compagnien des Leibregiments, deren Gesinnung und Zucht nicht besser war, als die der Rastatter Garnison; es sind dieselben, die nachher in Carlsruhe den unmittelbaren Anstoß zur Flucht und Auflösung der Regierung gaben. Am 12. in der Frühe war Struve aus Rastatt nach Bruchsal gebracht worden; die Abtheilung Soldaten, die ihn begleitete, brachte die ersten ausführlichen Nachrichten von Rastatt mit. Die zwei Compagnien in Bruchsal säumten nun nicht, das Beispiel ihrer »Brüder« nachzuahmen. Von den überall rührigen Demokraten aufgewiegelt, mit freiem Bier tractirt, von Haus aus ohne militärischen Geist und Disciplin, spielten sie im Kleinen ähnliche Scenen ab, wie die Rastatter Meuterer im Großen. Die Camaschen wurden abgeschafft, die Freilassung der Arrestanten verlangt, dem Generalmarsch keine Folge geleistet, aufrührerische Rufe und Lieder waren die Antwort auf die Ermahnungen zu Zucht und Gehorsam. Wir werden dieser saubern Bande weiter unten wieder begegnen.
Im Oberlande, in Freiburg und der Umgegend, lag das zweite Infanterieregiment, eine Abtheilung vom ersten Regiment und einige Schwadronen Dragoner vom Regiment Großherzog. Die Auflösung hatte auch hier, namentlich seit den letzten politischen Processen, bedenklich um sich gegriffen; die Soldaten besuchten Clubs und Volksversammlungen, wurden in der Stadt wie auf den Dörfern, wo sie zerstreut lagen, rührig bearbeitet und zeigten sich diesen Einflüssen zugänglich.
Schon am 10. Mai – also einen Tag ehe es in Rastatt losging – fand auf Anstiften des Freiburger Radicalismus eine Soldatenversammlung auf dem Schloßberg statt, trotz der Abmahnung des Commandanten. Die Autorität der Officiere war hier so wirkungslos, wie anderwärts; überall Symptome der Auflösung, Trunkenheit, offener Ungehorsam, auch wohl das bekannte Gerede von »Rechten,« »Freiheiten« und Reichsverfassung. Die Officiere gaben sich die verlorene Mühe der gütlichen Belehrung, erläuterten ihnen die Reichsverfassung – aber die Zöglinge

der Volksvereine glaubten es nicht, sie ließen sich einreden, die Verfassung, die man ihnen im Abdruck mittheilte, sei die rechte nicht!
In Lörrach und den benachbarten Grenzorten lag ein Theil vom 3. Infanterieregiment und etwas Reiterei und Geschütz. Auch hier dieselben Symptome. Am 11. – am Tage des Rastatter Ausbruchs – wurde gegen das ausdrückliche Verbot der Oberen eine Versammlung auf dem Schießplatze veranstaltet. Oberst v. Rotberg brachte es dahin, daß die widerspenstige Masse sich in Reihe und Glied formirte und in einem Viereck aufstellte; er trat unter sie, mahnte mit eindringlichen Worten zum Gehorsam – aber vergebens. Die Soldaten blieben ruhig; allein die Versammlung ward abgehalten. »Befreiung der politischen Gefangenen,« war das Verlangen, das die Schürer und Aufwiegler den Versammelten einflößten; es waren 4 Soldaten, die wegen Drohbriefen in Untersuchung waren.
Der Forderung Nachdruck zu geben, besetzte die Masse die Straßen und Zugänge zu dem Gefängniß, indeß der Oberst sich selber in das Gefängniß begab und die Wache zum Widerstand ermunterte. Vergeblich war das Abmahnen der Officiere, die Meuterer drangen an; ich gebe, rief der unerschrockene Oberst, die Gefangenen doch nicht heraus; eher soll man mich niederschießen. Er selber führte die Wachmannschaft an, trieb die Andringenden zurück und ließ eine Salve geben; aber dies steigerte natürlich die Erbitterung, der rasende Haufe erwiederte das Feuer und der erste Schuß ging dem Obersten selber durch den Leib. Die Gefangenen wurden nun befreit; ein Widerstand oder eine Wiederherstellung der Autorität war nicht mehr möglich. Der Befehl, nach Kandern zu marschiren, den General v. Gayling gab, ward nur widerstrebend und von einem Theil der Mannschaft befolgt; Fußvolk, Reiterei und Geschütze war nun gleichmäßig von der Zuchtlosigkeit ergriffen.
Was in Rastatt, Bruchsal, Freiburg, Lörrach geschehen war, das trat nun durch den massenhafteren Erfolg und zum Theil durch den blutigen Ausgang stärker hervor: die Zeichen waren aber überall, wo Soldaten waren, dieselben. Entweder folgte die Meuterei nach, wie in Carlsruhe und Kehl, oder es waren, wie in allen den kleineren Aufstellungen von Rastatt an bis zur Schweizergrenze, in denselben Tagen ganz ähnliche Symptome der Auflösung sichtbar. Nur Mannheim, wo gerade damals eine kleinere Besatzung lag, war leidlich ruhig geblieben, und von den Solda-

ten wenigstens Nichts geschehen, was eine freiwillige Theilnahme an der Meuterei besorgen ließ.
Einzelne Officiere hatten, wie namentlich die Beispiele von Rastatt und Lörrach bewiesen, mit aller Todesverachtung sich der Empörung widersetzt, der Erfolg bewies, daß weder mit Nachgiebigkeit noch mit verzweifeltem Widerstand etwas zu erreichen war. Der eine Vorwurf, der von den Officieren nicht abzuwälzen war, lag in dem Mangel an Einfluß und Vertrauen, der sich allerwärts gegen Tüchtige wie Untüchtige jetzt offenbarte. Daran freilich trug die Wühlerei und die politische Lage der Zeit nicht ausschließlich die Schuld: es war das eine Erscheinung, die eben auf alte Schäden des badischen Militärwesens hindeutete.
aus: Ludwig Häusser, a.a.O.

Wie konnte es kommen, daß die badische Armee, wie auf einen Schlag, Pflicht und Eid vergaß, alle Manneszucht abwarf und mit Sack und Pack ins Umsturzlager überlief, nachdem sie doch noch im Jahr zuvor bei den Aufständischen von Hecker und Struve sich völlig zuverlässig erwiesen hatte? Der Ursachen waren es mehrere und es verlohnt sich, sie genau zu kennen.
In Baden bestand die Konscription, die Wohlhabenden konnten sich vom Militärdienste loskaufen, sogenannte Einsteher traten für sie ein. Die Einführung der allgemeinen Wehrpflicht machte dem Einstandswesen ein Ende; die badische Regierung schaffte es ab, nachdem sie die deutschen Grundrechte anerkannt hatte, die vom Parlament in Frankfurt aufgestellt und von der Reichsregierung verkündet worden waren. Bisher waren es fast nur gediente Soldaten gewesen, die Einstandsverträge abgeschlossen hatten, die meisten Unteroffiziere waren Einsteher, sie konnten, wenn sie aus dem Heere schieden, mit dem erworbenen Kapital bürgerliche Geschäfte gründen. Die Änderung schädigte die Unteroffiziere und erregte große Unzufriedenheit, die Regierung versprach Entschädigung durch Löhnungszulagen, säumte aber zu lange mit der Erfüllung ihres Versprechens.
Ein zweiter Grund lag gleichfalls in einer Verfügung der Reichsregierung, der die badische nachkam, die Aushebungsziffer wurde von 1% auf 2% erhöht. Dadurch kamen auf einmal zu viele Rekruten ins Heer, Leute, der Manneszucht ungewohnt und der Verführung leicht zugänglich. In vielen Köpfen gärte es von unverdauten Freiheits- und Gleichheitsideen, manche eben

eingestellte Rekruten hatten sich schon an den Aufständen von 1848 beteiligt.
Schlimmer noch, als diese Verhältnisse, mußte das ewige Umherziehen und Wechseln der Quartiere in dem aufgewühlten Lande den soldatischen Geist der Truppen schädigen. Da die allgemeine Wehrpflicht noch nicht ausgleichend gewirkt hatte, war die soziale Kluft zwischen Befehlenden und Untergebenen ohnehin weit größer als heute, jetzt gewannen die Offiziere die Fühlung mit ihren Leuten noch schwieriger. Aufsicht und Unterweisung der Mannschaft litten Not. Überall winkten in dem Weinlande die Wirtsschilder, lauerten gefährliche Verführer und predigten schlimme Lehren vom bedingten Soldatengehorsam, der freien Wahl der Offiziere, verhießen goldne Berge als Lohn für den Abfall.
Das Schlimmste endlich verschuldete die Regierung, als sie, auf die Grundrechte hin, den Soldaten das Recht bewilligte, Versammlungen unter sich abzuhalten und über ihre Angelegenheiten frei zu beraten. Damit brach die Disziplin ganz zusammen.
Aus den Jugenderinnerungen des Heidelberger Medizinprofessors und damaligen Bataillonsarztes Adolf Kußmaul.

Am 13. Mai war ein sonnenheller, frischer Sonntagmorgen über Offenburg aufgegangen. Von frühester Frühe an wimmelte ein buntes Leben durch die Straßen. Wie zur ersten Versammlung am 19. März 1848 zogen die Umwohner von nah und fern in der alten Reichsstadt ein. Dem Oberländer und Schwarzwälder waren durch die einjährige Praxis des Versammlungsrechts die Volksversammlungen zu einer Art Sonntagsvergnügen geworden, wo auch derjenige, dem die Politik »ungeheuer egal« war, doch die Gewißheit hatte, vor und nachher sich an einem frischen Trunk in frischer Gesellschaft letzen zu können. Um wie viel mehr mußten die Massen an diesem Tage herbeiströmen, wo auch schon auf Dorf und Land die Ahnung hinausgedrungen war, daß heute etwas »Entscheidendes« geschehen werde.
Für ein unbefangenes Gemüt war es trotz alledem und alledem erquickend und erhebend, diese gesunde gewaltige Volkskraft so beisammen zu sehen, und manchem deutschen Professor und Beamten war der Anblick zu wünschen, um seine Begriffe von wirklichem, rotbackigem Volksleben zu vervollständigen.
Von allen Seiten zog's heran. Auf großen Leiterwagen, zum Teil sechsspännig mit prächtigen Pferden fahrend, kamen die Man-

nen aus dem sogenannten Hanauer Ländle, d.h. aus den früher Hanau-Lichtenauischen Ämtern am Rhein, – kräftige, frohe Burschen und Männer in ihrer unvergleichlichen Tracht, in der Sommer wie Winter gleichmäßig getragenen Pelzkappe, in roter Weste, weißer Jacke und schwarzen Hosen. Dort marschierte, in schwerem Tritt, den Knotenstock statt des Gewehrs in der Hand, mit blauer Blouse und schwarzem Hut angetan, eine Schar Volkswehrmänner aus dem Kinzigtal. Hier kamen mit Musik und Sang Turner von Bühl und Achern. Da sah man eine Gruppe, deren abenteuerliche Strohhüte auf einen weiten Marsch schließen ließen, den sie aus dem oberen Schwarzwald herunter gemacht hatten.
Die Staffage war mannigfacher und bunter als bei der ersten Versammlung im März des vorigen Jahres. Aber welch' ein Unterschied auch im äußeren Gebahren. Damals flackerten schüchtern und kaum der freien Luft schon gewohnt die schwarz-rot-goldenen Fahnen im Winde, und da und dort schaute von der Fahne der deutsche Reichsadler ins Land hinaus; damals war eine frische, schwarz-rot-goldene Stimmung und viel Hoffnung auf Alldeutschlands Zukunft in den Gemütern, – und jetzt! Kaum ein Jahr war vorübergerauscht, und schon war die alte Reichsfarbe abgenutzt und verblaßt und galt eher als Abzeichen des Philisters und Staatshämorrhoidars.
Und dieselben Massen, die sich damals an der deutschen Tricolore freuten, kamen heute in rotem Farbenschmuck – wohl unbewußt dessen, was er deutete, denn schwarzwälder Dorfgeschichten-Gemüter und blutroter Haß! wie kann's mit letzterem Ernst sein? Die Hanauer Bauern hatten sogar ihren Pferden große rote Blumensträuße auf die Häupter gesteckt und große rote Blumenguirlanden um die Wagen gebunden, also die rote Farbe mehr in scherzhaftem Dienst des Schönen als der Revolution verwendet. Anders freilich war's mit manchen Fahnen, auf deren Grund das alte Lied »Freiheit, Wohlstand und Bildung für alle« prangte. Den Träger einer solchen werde ich nie vergessen: eine Gestalt mit langem rotem Bart, feuerroter Mütze, kurzer blauer Jacke, und die Büchse trotzig um die Schultern gehangen; dazu einen Blick in seinem verwetterten Gesichte – »Der hätt' auch lieber auf seine Fahne schreiben sollen: Als druff! jetzt isch Zeit!« sagte einer der in der Nähe stehenden ...
Unter gewaltigem Jubelruf fuhr der Bahnzug, welcher den Landesausschuß nach Rastatt bringen sollte, gegen Abend von Of-

fenburg ab; an jedem Bahnwarthäuschen, an jeder Station standen eine Menge Landleute im Sonntagsgewand und jauchzten dem Zuge zu. Daß ein trauriger Sommer diesem »Frühlingsanfang« nachfolgen sollte, wer dachte daran unter den Jubelnden! Mir aber, der gleichfalls landabwärts fuhr, war's schmerzlich zu Mute, je betäubender der Lärm draußen ertönte. Die wehmütige alte Volksweise:

»Wo's schneiet rote Rosen,
Da regnet's Tränen drein!«

summte mir durch den Kopf und wollte mich nimmer verlassen.

Joseph Viktor von Scheffel über die Offenburger Volksversammlung, in: Deutsche Revue, 12.IV.1887

Die Landesversammlung in Offenburg erklärt:

Deutschland befindet sich fortwährend im Zustande voller Revolution, aufs neue hervorgerufen durch die Angriffe der größeren deutschen Fürsten auf die von der deutschen Nationalversammlung endgültig beschlossene Reichsverfassung und die Freiheit überhaupt. Die deutschen Fürsten haben sich zur Unterdrückung der Freiheit verschworen und verbunden, der Hochverrath an Volk und Vaterland liegt offen zu Tage; es ist klar, daß sie sogar Rußlands sämmtliche Armeen zur Unterdrückung der Freiheit zu Hülfe rufen. – Die Deutschen befinden sich also im Stande der Notwehr, sie müssen sich verbünden, um die Freiheit zu retten; sie müssen dem Angriff der fürstlichen Rebellen den bewaffneten Widerstand entgegensetzen.

Die deutschen Stämme haben die Verpflichtung, sich gegenseitig die Freiheit zu gewährleisten, um den Grundsatz der Volkssouveränität vollkommen durchzuführen; sie müssen sich daher unterstützen überall, wo sie angegriffen werden.

Das badische Volk wird daher die Volksbewegung in der Pfalz mit allen ihm zu Gebote stehenden Mitteln unterstützen.

Die Landesversammlung des badischen Volkes in Offenburg hat nach vorhergegangener Berathung der gestellten Anträge in dem Landeskongresse der Volksvereine, nach ferner stattgefundener öffentlicher Berathung, wobei Abgeordnete aus allen Landesteilen vertreten waren, nach fernerer ausführlicher Diskussion in der Versammlung des Volkes beschlossen:

1. Die Regierung muß die Reichsverfassung wie sie nun nach der durch die Ereignisse beseitigten Oberhauptsfrage feststeht, un-

bedingt anerkennen und mit der ganzen bewaffneten Macht deren Durchführung in anderen deutschen Staaten zunächst in der baierischen Pfalz unterstützen.

2. Das gegenwärtige Ministerium ist sofort zu entlassen und Bürger Brentano, Obergerichtsadvokat zu Mannheim, und Bürger Peter, Reichstagsabgeordneter von Konstanz mit der Bildung eines neuen Ministeriums zu beauftragen.

3. Es muß alsbald unter sofortiger Auflösung der jetzigen Ständekammer eine Verfassung gebende Landesversammlung berufen werden, welche in sich die gesamte Rechts- und Machtvollkommenheit des badischen Volkes vereinigt; diese Landesversammlung soll gewählt werden von und aus den sämmtlichen volljährigen Staatsbürgern des Landes, und zwar unter Beibehaltung der für die bisherige zweite Kammer bestandenen Wahlbezirke.

4. Es muß ohne allen Verzug die Volksbewaffnung auf Staatskosten ins Leben gerufen werden, und es sind alle ledigen Männer von 18–30 Jahren als erstes Aufgebot sofort mobil zu machen. – Alle diejenigen Gemeindebehörden, welche nicht alsbald die Bewaffnung ihrer Bürger anordnen, sind augenblicklich abzusetzen.

5. Die politischen Flüchtlinge sind sofort zurückzurufen, die politischen Militär- und Zivilgefangenen zu entlassen und alle politischen Prozesse niederzuschlagen; – namentlich verlangen wir aber auch die Entlassung derjenigen Militärgefangenen, welche infolge der politischen Bewegungen wegen sogenannter Disziplinar- und Insubordinations-Vergehen bestraft wurden.

6. Die Militärgerichtsbarkeit muß aufgehoben werden.

7. Bei dem Heer soll eine freie Wahl der Offiziere stattfinden.

8. Wir verlangen alsbaldige Verschmelzung des stehenden Heeres mit der Volkswehr.

9. Es müssen sämmtliche Grundlasten unentgeltlich aufgehoben werden.

10. Es müssen die Gemeinden unbedingt selbständig erklärt werden, sowohl was die Verwaltung des Gemeindevermögens als die Wahl der Gemeindevertreter betrifft; es müssen alsbald im ganzen Lande neue Wahlen für die Gemeindevertretung stattfinden.

11. Es werden sämmtliche von den sogenannten Kammern in Karlsruhe seit dem 17. Januar l. J. gefaßte Beschlüsse für null und nichtig erklärt und darunter namentlich das sogenannte

Wahlgesetz vom 10. v. M., welches einen förmlichen Angriff auf die in den Reichsgesetzen gegebenen Bestimmungen enthält.
12. Die Geschworenengerichte sind für alle Kriminalfälle ohne Unterschied augenblicklich einzuführen, und kein einziger Kriminalprozeß darf mehr von Strafrichtern entschieden werden.
13. Die alte Verwaltungs-Büraukratie muß abgeschafft werden und an ihre Stelle die freie Verwaltung der Gemeinden oder anderen Körperschaften treten.
14. Einrichtung einer Nationalbank für Gewerbe, Handel und Ackerbau zum Schutze gegen das Uebergewicht der großen Kapitalisten.
15. Abschaffung des alten Steuerwesens, hierfür Einführung einer progressiven Einkommensteuer nebst Beibehaltung der Zölle.
16. Einrichtung eines großen Landespensionsfonds, aus dem jeder arbeitsunfähig gewordene Bürger unterstützt werden kann. Hierdurch fällt der besondere Pensionsfonds für Staatsdiener von selbst weg.

Offenburg, den 13. Mai 1849.
Im Namen der Landes-Volksversammlung: Goegg.

Der Landesausschuß hat sich in zahlreicher Begleitung von Offenburg nach der Festung Rastatt begeben, wo er vorerst inmitten der Bürgerschaft und der braven 6000 Mann starken Besatzung in Permanenz berathet.
aus: Friedrich Lautenschlager, Volksstaat, a. a. O.

Daß hier ein Feuer zu ersticken sei, das möglicherweise der Anfang einer neuen furchtbareren Revolution für Deutschland werden könne, davon waren manche Kreise selbst nach den Ereignissen des 13. u. 14. Mai noch nicht zu überzeugen.
Es war die 7. und 8. Compagnie des Leibregiments, die in Bruchsal bübische Excesse begangen hatte und nun gegen Abend in Carlsruhe anlangte.
Fremde Zuzügler und Sturmvögel der Rebellion waren schon eine Menge da; der letzte Bahnzug hatte ein ziemliches Contingent von Offenburg und Rastatt herbeigeschafft. Wir sahen sie nachher an der Caserne, am Marktplatz und auf dem Wege nach dem Zeughaus truppweise thätig; sie waren es, welche die trunkenen Soldaten unermüdlich aufwiegelten, die Ermüdeten neu

anfeuerten, überhaupt einem an sich sinnlosen Cravall einer berauschten und zügellosen Rotte die politische Richtung gaben. Es mußte zunächst ein Vorwand gefunden werden zu weiteren Ausschweifungen; so wollten es die nüchternen Leiter und Rathgeber. Gegen 8 Uhr erschien eine Deputation bestehend aus drei Soldaten im Hause des Obersten (Holz) und verlangte die Freigebung der Arrestanten. Es war das Beispiel von Rastatt, das hier vor Augen stand; nur paßte es auf Carlsruhe nicht, denn dort waren, um jeden Vorwand abzuschneiden, bereits ohne Aufforderung die Arrestanten freigelassen worden. Der Oberst begab sich in die Caserne, fand aber den vorderen Casernenplatz mit Soldaten und Gesindel so gefüllt, daß er kaum nach dem Thore gelangen konnte.

Bei seinem Erscheinen – so erzählt die Schrift über »die Militärmeuterei in Baden« – riefen die Soldaten: da kommt er! und bildeten sogleich einen Kreis, der sich immer enger um ihn zusammenschloß. Aus dem Knäuel traten Einzelne hervor und stellten mit brutalem Ton ihren Obersten zur Rede. Die außerhalb des Casernenthors befindlichen Massen schrien: macht nicht so lange Umstände! Haut den Hund zusammen oder gebt ihn heraus, daß wir ihn zertreten können! – Auf diese Aufforderung zog der größte Theil der Soldaten ihre blanken Waffen und drang auf den Obersten ein.

Nur durch das wackere Benehmen seines Sohnes, eines Kriegsschülers und einiger Soldaten war es möglich, den Obersten aus diesem dichten Haufen zu bringen. Er wurde jedoch bei diesem Versuch durch Schläge und Stöße mittelst Steinen und Säbelgefäßen auf das Empörendste mißhandelt, so daß er außer Stande war, fortzukommen: denn er erhielt einen Stoß, der ihm einen lebenslänglichen Schaden verursachte. Mit Hülfe seines Sohnes jedoch und eines herbeigeeilten Hauptmanns Weber, der ihn als kräftiger Mann im Gehen unterstützte, gelangte er durch eine kleine Thüre, die sein Sohn aufsprengte, zur Caserne hinaus. Einige der Wüthenden verfolgten ihn, wobei die Officiere Versuche machten, gutgesinnte Soldaten zu sammeln, was aber nicht gelingen wollte. Die Zimmerthüren waren meist verschlossen, die auf den Gängen befindlichen Leute zum größten Theil betrunken, dann war auch gar keine Lust vorhanden, gegen die »Brüder« aufzutreten.

Um Alarm zu machen, wurde aus der Caserne herein und herausgeschossen, natürlich nur von den Meuterern und ihren Gesellen. »Verrath!« brüllten diese dazwischen – nach dem Vorbild der bestellten Straßen-Cravalle von 1848, wo die »zufälligen« Schüsse, der Ruf »Verrath« u. dgl. niemals hatten fehlen dürfen. Das Zertrümmern der Caserne, das Zerschlagen der Fenster, das Brüllen und Johlen der Betrunkenen war die Musik, die das nächtliche Bild scheußlicher Zügellosigkeit begleitete.

Jetzt entschloß sich der Großherzog zur Flucht; es sollte bei Gottesau ein Wagenzug bereit gehalten werden, der ihn um Mitternacht nach Heidelberg gebracht hätte; von da wollte er nach Frankfurt gehen.

Der Großherzog brach mit seiner Familie sogleich auf, schlug den Weg durch den Schloßgarten ein, um so im Rücken des Zeughauses den Weg nach Gottesau und der Eisenbahn zu finden. Im nächtlichen Dunkel stieß die fürstliche Familie auf eine Anzahl Bürgerwehrmänner, die mit ahnungsvoller Sorge nach dem Schloßgarten geeilt waren und den Flüchtlingen berichteten, daß es kaum mehr möglich sei, durch die streifenden Trupps der Meuterer bis nach Gottesau zu gelangen. Der Plan, auf der Eisenbahn zu flüchten, ward aufgegeben, und es war ein Glück, daß es sich so fügte. An den Stationen, namentlich in Bruchsal und Heidelberg, war nicht mehr durchzugelangen; Alles war dort mit vielem Geschick allarmirt worden, und z.B. in Heidelberg, wo der Großherzog hätte aussteigen und sich auf die Main-Neckarbahn begeben müssen, war die Raserei auf eine Höhe gestiegen, die eine sichere Berechnung des Wahrscheinlichen nicht mehr zuließ. Die Person des Großherzogs hatte zwar nirgends Erbitterung oder Haß erregen können, und in einem guten Theil des Landes war er ohne Zweifel auch jetzt noch ungefährdet; aber wo das revolutionäre Delirium in Blüthe stand und die Gassendemokratie ihre Auserlesensten als Hüter der öffentlichen Ordnung aufgestellt, konnte auch das Ärgste besorgt werden.

Im Schloßgarten war General Hoffmann mit einer Abtheilung Dragoner zu dem Großherzog gestoßen; im nahegelegenen Walde kam die reitende Batterie von Gottesau hinzu, die der brave, aber unglückliche Hauptmann Großmann führte. Der Großherzog setzte sich auf den Protzkasten einer Kanone; sein Äußeres zeugte von tiefer Bekümmerniß. So bewegte sich der traurige Zug durch den Haardtwald nach dem Rhein hin, um den Weg nach Germersheim einzuschlagen.

aus: Ludwig Häusser, a.a.O.

Kundmachung an die Soldaten

Alle Soldaten, vom Oberwachtmeister und Feldwebel an abwärts erhalten von heute an vier Kreuzer tägliche Zulage.

Karlsruhe, den 16. Mai 1849. Die Exekutivkommission.

Wir haben schon früher erzählt, wie der Landesausschuß gleich in Offenburg, bevor noch die Regierung geflohen war, einen Theil seiner revolutionären Beamten ernannt und sie an die Hauptplätze vertheilt hatte. Seit dem Einzug in Carlsruhe ward die Liste vervollständigt und die Sache in eine Art von System gebracht. Am 18. erschien eine Verordnung, wornach für jeden Amtsbezirk ein Civilcommissär ernannt werden sollte.

»Diese Civilcommissäre, hieß es, sind für die pünktliche und gewissenhafte Vollziehung der ihnen speciell zugehenden Weisungen und der allgemeinen in den öffentlichen Blättern verkündigten Anordnungen persönlich verantwortlich. Im Allgemeinen liegt denselben die Verpflichtung ob, im Interesse des Landes und der Freiheit des Volkes nach bestem Wissen und nach ihrer Einsicht zu handeln, und über alle, die Volksbewegung betreffenden Vorfälle schleunige Mittheilungen hierher zu machen.« Weiterhin wurde den Civilcommissären die Beeidigung der Beamten anbefohlen.

Wie in jedem Amtsbezirk ein Civilcommissär, so sollte in jedem der vier Kreise des Landes ein Obercommissär aufgestellt werden, dessen Befehle von den Civilcommissären »unbedingt befolgt« werden mußten.

So ward also in das Fachwerk der bestehenden badischen Bureaukratie ein revolutionäres Regiment mit dictatorischer Gewalt eingefügt, das zunächst die bestehende Bureaukratie überwachen, dann alle revolutionären Hebel »nach bestem Wissen und seiner Einsicht« handhaben sollte. Alle Mittel der Gewalt waren in dessen Hände gelegt; Verfügungen von unbedingter Geltung gingen von ihm aus, »Entscheidungsgründe waren nirgends nothwendig.«

Die Persönlichkeiten, die man wählte, stimmten ganz zu dem Charakter der badischen Revolution. Überschlug man im Allgemeinen die Theilnehmer und Führer der Bewegung, so fiel es gleich in die Augen, daß die Advocaten, Ärzte, Wirthe, Schullehrer und Apotheker das bedeutendere Contingent gestellt hatten.

Alle diese waren auch in der revolutionären Verwaltung zahlreich vertreten; unter den vier Obercommissären waren drei Advocaten, von den 61 Civilcommissären, die am 18. Mai ernannt worden waren, bestand nahezu die Hälfte aus Advocaten, Ärzten und Apothekern. Sie vertraten die »Intelligenz« unter der revolutionären Partei, und je nach den Individualitäten bildeten sie noch den erträglicheren Theil der revolutionären Verwaltung. Schlimmer waren schon die roheren Elemente, deren ganzer Anspruch sich darauf beschränkte, daß sie an der Wirthshauspolitik, dem Schreien und Lärmen oder der kleinen Wühlerei rührig Antheil genommen hatten. Am schlimmsten waren aber die Buben und Abenteurer, die bald als Civil-, bald als Kriegscommissäre auftauchten und die Geduld selbst der Langmüthigsten zur Verzweiflung brachten.

Am 19. Mai erließ der Landesausschuß folgendes Preßgesetz:

»Einziger Artikel.

Die Presse ist frei.

Die politischen und religiösen Preßprocesse hören auf.

Über Privatklagen gegen die Presse entscheiden Geschworne. Sämmtliche bisherigen Gesetze und Verordnungen über die Presse sind aufgehoben.«

An Widerstand der Conservativen war nicht zu denken; sie blieben theils aus Gleichgültigkeit, theils aus Absicht diesen Wahlen fern. Die Demokratie wählte also ohne Rivalen. Das Wahlgesetz gab Allen, die das 21. Jahr erreicht, das uneingeschränkte Wahlrecht; die Praxis war noch toleranter. Wer irgend wollte, gleichviel wie alt oder woher er war, durfte mit wählen. Soldaten und Volkswehr, die »Schweizer,« die »Honveds« und die »Deutschpolen«, Alles wählte mit zur badischen »Constituante!« Die Hauptleute gaben ihren Compagnien die Zettel, die als Ausweis dienten, und die Wahlcommissionen, mochten sie aus Conservativen oder Radicalen bestehen, ließen natürlich geduldig auch diese Farce noch abspielen.

Viele Tausende in jedem Wahlbezirk, namentlich von den Gebildeten und Besitzenden, wählten nicht: an vielen Orten konnte man sicher annehmen, daß jeder halbwegs anständige Mann unbetheiligt geblieben war. So ließ es sich denn auch begreifen, daß in manchen Bezirken, trotz aller Soldaten, Freischärler, Buben und Ausländer, nicht einmal die Hälfte der wahlberechtigten Zahl herauskam; hie und da grenzte die Nichtbetheiligung

der wirklich Wahlberechtigten beinahe ans Fabelhafte. Nur die Mehrheit der Demokratie hatte das unbeneidete Verdienst, an diesen Wahlen Theil genommen zu haben.
Die Regierung hatte durch ihre Agenten ihre Candidaten vorschlagen lassen, indessen Emissäre und die Presse zugleich die locale Wühlerei in die Hand nahmen. Aber die Bewegung war gleichwol gering; Widerstand war nur von der ganz unvernünftigen Partei zu erwarten, in deren Namen der Schullehrer Stay sehr thätig war und Candidaten empfahl. Im Allgemeinen hatte Brentano unter der herrschenden Partei noch so weit das Übergewicht, daß die in seinem Sinne gemachten Vorschläge in der Regel angenommen wurden. Es waren überall die Wortführer und Schreier, die kleinen Wühler und Tonangeber auf die Liste gesetzt worden, und gingen auch aus der Urne hervor – man durfte also überzeugt sein, daß man die Blüthe der badischen Demokratie werde vereinigt sehen.
Die Neugewählten enthielten die bekannten Kategorien: Advocaten, Ärzte, Apotheker, Wirthe, Schullehrer, auch einige Pfarrer, also die Intelligenz der Demokratie.
aus: Ludwig Häusser, a.a.O.

Hier in Heidelberg ist gegenwärtig großer Hallo, fallende und steigende Erwartungen, Furcht und Hoffnung.
Es existieren schon viele Bataillone junger Volksmannschaft, welche ganz ordentlich exerziert sind und, in blaue Blousen gekleidet, ganz couragiert revolutionär aussehen, ein ganz guter Kern für eine rabiate Revolutionsarmee. Man sieht die prächtigsten Gestalten darunter. Sie marschieren, ihre Bündel auf dem Rücken, wie die baren Teufel einher. Die Soldaten, die bewaffnete Jugend und das arme Straßenvolk sind noch ganz guten Mutes, die sogenannten Bürger aber und die solide Bauerschaft sind nicht sauber. Wenigstens will kein Mensch mit Geld hervorrükken. Der größte Übelstand ist, daß es an Offizieren fehlt. Bei der Linie sind eine Menge eingeschlichene reaktionäre Offiziere, und die avancierten Unteroffiziere können die Disziplin nicht immer halten. Dann und wann heißt es, es seien wieder einige Offiziere verschwunden, und so ist es ein unheimliches Durcheinander. Das Volk schreit nach Verrat und sieht überall Spionen, so daß man sich sehr in acht nehmen muß, nicht unvorsichtigerweise zu fragen oder etwa in Zerstreuung um eine Kanone herumzuschleichen.

Mieroslawski hat nun den Oberbefehl übernommen. Man sagt, daß er die Armee hinter dem Neckar aufstellen wolle, vorzüglich von Heidelberg bis Mannheim, was auch geraten scheint; denn an der Grenze, gegen die Rheinpfalz und Baden steht nun bereits ein formidables Heer mit weit überlegener Artillerie, und die Kavallerie allein ist vielleicht so stark als die badische Infanterie, während auf unserer Seite bloß etwa dreißig Stück Geschütz und zwei Regimenter Dragoner sind. Wenn Heidelberg angegriffen wird, so kann ich auch Pulver riechen, indem ich gleich neben der Neckarbrücke wohne, hart am Fluß. Schon mehrere Male hat man Kanonen dicht unter mein Fenster gestellt, als man den Feind auf den Fersen glaubte.
Es sind dieser Tage viele Schweizer hier, welche teils als Offiziere, teils als Gemeine bei der 600 Mann starken Fremdenlegion aus der Schweiz stehen. Es mögen etwa hundert Schweizer dabei sein.
aus: Gottfried Kellers Briefe und Tagebücher

Mieroslawski, Ludwig von, poln. Revolutionär (1814–1878), war der Sohn eines polnischen Offiziers. M. schloß sich in einen polnischen Regiment dem Aufstand gegen die Russen von 1830 an, wurde zum

Offizier ernannt. Nach Niederwerfung des Aufstands begab er sich 1831 nach Frankreich. 1842 zum Mitglied der Zentralbehörde der polnischen Emigranten in Paris erwählt, ward er 1845 zum Zweck einer Schilderhebung in seinem Vaterland nach Posen entsendet, hier aber verraten, verhaftet, in Berlin zum Tode verurteilt, zu lebenslänglicher Gefängnißstrafe verurteilt. Durch die Märzrevolution in Berlin 1848 aus dem Moabiter Zellengefängniß befreit, begab er sich nach Posen und begann sofort, eine polnische Freischar zu bilden und einen Aufstand zu organisieren. M. mußte bei Barde an der russischen Grenze vor den Preußen kapitulieren. Wiederum begnadigt, ging er nach Paris zurück, begab sich von da Anfang 1849 nach Sizilien, um hier den Oberbefehl über die Kriegsmacht der Aufständischen zu übernehmen. Er konnte hier der Revolution ebensowenig zum Sieg verhelfen, wie sodann in Baden, wohin er Anfang Juni als Obergeneral der revolutionären Armee berufen wurde. Nach Unterdrückung des badischen Aufstands floh er in die Schweiz, von da nach Frankreich. Nach dem Ausbruch des polnischen Aufstandes von 1863 von der polnischen Nationalregierung zum Diktator ernannt, erschien er 17. Februar auf dem Kriegsschauplatz, ward aber bereits 22. Februar von den Russen entscheidend geschlagen und zur Flucht gezwungen.
aus: Meyers Konversationslexikon, Leipzig/Wien 1897

Die Bekleidung der Volkswehr und Freischärler war eine willkürliche, da es nicht gelingen wollte, die Selbstbeschaffung des vorgeschriebenen blauen Waffenrocks durch die Wehrmänner durchzuführen. Einige pfälzische Freischärler und pfälzische Volkswehr trugen eine blaue Blouse mit einem rothen **R.** (Rhein) auf der linken und einem rothen **B.** (Baiern) auf der rechten Brustseite.
Auch bei den übrigen Volkswehren und Freischärlern sah man meist die Blouse, bei den Letztern häufig durch den Mangel an einem Rock bedingt; sie kamen in Menge, in zerrissenen Kitteln und total unbrauchbarer Fußbekleidung an und ergänzten das Fehlende durch Requisition, sofern es ihnen nicht vom Landes-Ausschuß geliefert wurde. In der deutsch-polnischen Legion trugen noch viele Polen, welche in sardinischen Diensten gestanden hatten, die sardininischen Uniformstücke; diese Legion zeichnete sich auch durch Unreinlichkeit besonders aus.
Dem ungeachtet war die Bekleidung eine sehr abweichende und bunte; neben einem Blousenmann figurirte oft ein Frack oder ein Freischärler in Hemdsärmeln; neben der deutschen Kokarde eine große rothe. Bei den Freischärlern fehlten selten ungeheure

Federbüsche der verschiedenartigsten Farben; möglichst häufig Blumen, am meisten Rosen, rothe Schleifen im Knopfloch u. s. w.; am Kalabreser prangte eine gewaltig große, rothe Kokarde und wo es die Natur gestattete, ein fürchterlicher Bart, der im Werthe stieg, wenn er roth war.
Nächst der vollständigen Demoralisirung der eidbrüchigen Soldaten übten das Recht der freien Offizierwahl die Struve'schen Grundsätze und die schlaffe Haltung der Offiziere den unvermeidlichen Einfluß. Die Soldaten wählten meist ihre Trinkkameraden oder die ihnen Gleichgesinnten und solche, von denen sie überzeugt waren, daß sie es bei Ausübung der Disciplin, des Dienstes nicht strenge nehmen würden.
aus: Staroste, Tagebuch über die Ereignisse in der Pfalz und Baden im Jahre 1849, Potsdam 1852

Nach dem Übergang der meisten noch verbliebenen pfälzischen Truppen über den Rhein nach Baden, wird jetzt in der Pfalz nur noch Ludwigshafen verteidigt. Hier nehmen die Preußen eine Barrikade nach der anderen und besetzen am 15. Juni die Stadt. Am selben Tag beginnen heftige Kämpfe an der Neckarlinie. Ohne klare Entscheidung wird zwei Tage um den Ort Großsachsen gekämpft. Mieroslawski will die Preußen über den Rhein locken und dann auf den Fluß zurückwerfen. In der Tat überschreitet ein preußisches Korps den Rhein und besetzt Philippsburg. Im Osten Badens wendet sich aber der preußische General Peucker durch den Odenwald zum oberen Neckar, und ein anderes Korps erscheint bei Weinheim: Die preußische Übermacht zieht einen Halbkreis um die badischen Truppen. Mieroslawski greift jetzt mit seiner ganzen Macht bei Waghäusel das preußische Korps an, das zuvor über den Rhein gesetzt und Philippsburg genommen hatte. Die Preußen müssen sich zunächst zurückziehen, erhalten dann aber Verstärkung und schlagen die Revolutionsarmee. Jetzt wirkt sich die zahlenmäßige Überlegenheit der Preußen aus. Dampfwalzenartig überschwemmen ihre Kolonnen die Straßen des schmalen badischen Landes. Die Revolutionäre fliehen nach Rastatt; ihre Regierung verläßt die Hauptstadt Karlsruhe, dort ziehen die preußischen Truppen ein.

Inzwischen waren auch die übrigen Truppentheile der Avantgarde bei Waghäusel angekommen und nahmen sofort Theil an dem nun auf allen Punkten sehr heftig werdenden Gefecht, in welchem die Insurgenten – badische Infanterie– jedoch zum Rückzuge genöthigt wurden.

An der an der Mannheimer Chaussee gelegenen Waldecke vertheidigten sie sich am längsten, mußten aber auch diese Stellung verlassen, als sie von den Preußen vom Walde aus flankirt wurden.
Nach Verlauf einer halben Stunde, während welcher die Avantgarde die genommene Stellung behauptete, drangen die Insurgenten unter Leitung des Oberst Oborski mit Verstärkung sowohl von der Kirlacher Straße her, als auch weiter links im Walde unter Major Mone, in starken geschlossenen Kolonnen – badische Infanterie und Volkswehr – wieder vor.
Die Stellung der Avantgarde war hienach gefährdet und konnte gegen diese bedeutende Ueberlegenheit nicht behauptet werden, daher es vorgezogen wurde, dieselbe aufzugeben, sich in das Dorf zu werfen und dies bis zur Ankunft des Gros zu behaupten.
Das Dorf Waghäusel – ein Wallfahrtsort – ist sehr klein, hat nur wenige Häuser und kaum 100 Einwohner. Es befindet sich aber in demselben, da wo die Straße von Kirlach ins Dorf tritt, das ehemalige Luftschloß des Großherzogs und die zu demselben gehörenden Gebäude, eine Zuckerfabrik, welche sich zu einer Vertheidigung wohl eignen; am nördlichen Ausgange, diesseits an der Chaussee von Mannheim, liegt das Kloster, grade über demselben das Postgebäude; 7–800 Schritt von diesem Gebäude macht die Chaussee einen bedeutenden Bogen nach links und wird westlich von einer mit vielen Torfhaufen versehenen Wiese, nördlich und östlich von dem Lußhardtwalde eng eingeschlossen. Das Schloß und die Zuckerfabrik sind mit einer massiven, 7 Fuß hohen Mauer umgeben; in dem innern Hofraume befinden sich mehrere mit Flachwerk gedeckte Schuppen, Remisen und Wirthschaftsgebäude.
Das Ganze bot hienach allerdings eine der Vertheidigung günstige Lokalität, indeß fehlte es an Materialien, um an der Mauer Schießgerüste aufzuführen, und die Versuche, Löcher durch dieselbe zu brechen, mißglückten, weil sie zu fest war, auch die dazu erforderlichen Brechwerkzeuge mangelten. Es wurde daher alles was hiezu geeignet schien, einzelne Torfhaufen, Wagen, Leitern, Holzklötze, Stühle etc. als Auftritte herbeigeschafft und benutzt.
Die Zuckerfabrik wurde mit 3½ Kompanien und einem Zuge Jäger besetzt.
Die Insurgenten feuerten ungemein heftig, sowohl mit Kartätschen und Granaten als auch mit Shrapnels. In Folge dieses sehr heftigen Geschützfeuers stürzten endlich die Häuser zusammen,

so daß es schwierig wurde, einen sichern Platz zur augenblicklichen Unterbringung der Verwundeten zu finden.
Vom Gros, welches mittlerweile (½9 Uhr) heranrückte, wurde der Avantgarde ein Bataillon zur Unterstützung gesandt. Es nahm seine erste Aufstellung hinter der Kirche und verstärkte die gegen den Wald aufgestellte Feuerlinie. Etwas früher schon waren die im Trabe vom Gros abgegangenen 6 Geschütze der Batterie Nro. 34 eingetroffen und auf dem Chausseedamm hinter dem Posthause placirt worden, von wo sie sehr thätig eingriffen.
Es wurde nun zu zwei verschiedenen malen eine Offensiv-Bewegung auf der Mannheimer Chaussee versucht.
Da ein Vordringen preußischer Seits auf der Chaussee nicht gelang, so wurde ein ähnlicher Angriff von der Zuckerfabrik aus gegen den Wald unternommen. Die hiezu bestimmte Kompagnie nahm in kurzer Zeit die Lisiere des Waldes und drang wohl an 300 Schritt in denselben, wurde aber hier durch starkes Gewehrfeuer im weiteren Vorgehen aufgehalten und von einem ihr in Front entgegenrückenden badischen Bataillon, dessen Schützenlinie die Kompagnie sehr bald umfaßte, zum Zurückgehen veranlaßt; eben so ging es dem gleichzeitig mit dieser Kompagnie rechts derselben vorgegangenen 7. Schützenzuge des Füsilier-Bataillons desselben Regiments.
Beide Truppentheile zogen sich nach der Fabrik zurück und verstärkten mit den inzwischen herangezogenen übrigen Kompagnien des 1. Bataillons die Vertheidigung des Schlosses, der Fabrik und der zunächst an der Chaussee nach Wiesenthal liegenden Häuser.
Zwar drangen die Insurgenten nach und versuchten einigemal sich der Fabrik zu bemächtigen, sie wurden aber durch sehr gut gezielte Kartätschschüsse aus den Avantgardengeschützen zurückgewiesen und flohen in den Wald zurück.
Die Vertheidigung von Waghäusel wurde auf diese Art bis gegen 12 Uhr fortgesetzt; als aber die Insurgenten in einer fünf- bis sechsmal überlegenen Stärke zum Angriff auf das Posthaus übergingen, dasselbe auf der linken Flanke durch Hanauer Turner und badische Infanterie vollständig umfaßten und gleichzeitig 3 Bataillone – des 4. badischen Inf.-Regmts. – unter Sigel gegen Wiesenthal vordrangen und hiedurch auch die rechte Flanke der Stellung ernstlich gefährdeten, auch sämmtliche Bataillone des Gros vergebens zur Verstärkung der Vertheidigung

von Waghäusel verwendet worden waren, – wurde die allmähliche Räumung des Ortes beschlossen und der Rückzug in zwei Treffen in der Richtung auf Philippsburg unter dem heftigsten Feuer der feindlichen schweren Geschütze angetreten.
Es war ½1 Uhr als dies geschah.
Jenseits des Wagbaches nahmen die Jäger eine neue Aufstellung und beschossen von hier aus die nachdrängenden Insurgenten, welche bereits die Lisiere des Waldes erreicht hatten, so wirksam, daß diese vergebens aus dem Walde herauszutreten versuchten.
Sie zogen sich sehr langsam in das Innere des Waldes zurück und es mußte jeder Schlag (ausgehauener Waldjagdweg), wo sie sich

stets aufstellten, erst mit dem Bajonett genommen werden. Als das Bataillon auf diese Weise wohl eine halbe Stunde im Walde vorgedrungen war, wurde es in der weitern Verfolgung durch mehrere feindliche Bataillone – badische Infanterie –, welche Geschütze mit sich führten, aufgehalten und mit Kartätschen beschossen.

Der Verlust der Truppen an diesem Tage war nicht unbedeutend; er betrug 20 Todte incl. einen Offizier, 102 Verwundete incl. 6 Offiziere. Der Verlust der Insurgenten wurde nicht veröffentlicht, aber es wurden allein in Neu-Lußheim 43 derselben beerdigt und lange Wagenzüge mit Todten und Verwundeten passirten den Ort; auch sollen nach Versicherung der Landbewohner jener Gegend mehrere hundert Leichen in den Rhein geworfen worden sein.

Der heutige Tag war für die Mehrzahl der jungen preußischen Soldaten, welche hier bei Waghäusel unter den schwierigsten Verhältnissen das erstemal ins Feuer kamen und auch gleich die Verheerungen der feindlichen Geschosse in vollem Maße erfahren mußten, eine harte, aber demohngeachtet ehrenvoll bestandene Feuerprobe. Das Gefecht war, wie bemerkt, ziemlich blutig. Die 1. Division, in geringer Stärke, hatte den ganzen Vormittag der Hauptmacht Mieroslawski's (15 000 Mann) gegenübergestanden.

Nur durch allseitige Hingebung gelang es den Preußen Waghäusel, allerdings mit namhaften Opfern, zu halten. Die meisten Bataillone, insbesondere die Füsilier-Bataillone des 17. und 30. Inf.-Regmts., hatten über 2 Stunden im ärgsten Geschützfeuer ausgehalten, den ihnen angewiesenen Platz standhaft behauptet, obwohl derselbe von den feindlichen Kartätschen und Granaten manchen Kameraden fortraffte oder verstümmelte; und bei dem nothwendigen Rückzuge waren die kampfungewohnten Soldaten trotz des heftigen Gewehr- und Geschützfeuers doch ohne besondere Maßregeln in steter Ordnung, so daß die Insurgenten ohngeachtet ihrer bedeutenden Überlegenheit an allen Waffengattungen es nicht anders wagten denselben zu gefährden, als aus möglichst weiter, für sie unschädlicher Ferne.

In solchen Fällen sieht auch der entschiedendste Soldatenfeind den Unterschied zwischen einer wohl disziplinirten treuen Truppe und einer zusammengelaufenen Schaar solcher Freiheitskämpfer.

aus: Staroste, a.a.O.

Bericht eines preußischen Generalstabsoffiziers über die Kämpfe bei Waghäusel und Philippsburg bis zum Einzug der Preußen in Karlsruhe.

Meine Ansichten zusammenfassend, so halte ich unser Manöver, das mit dem Übergange über den Rhein und dem gleichzeitigen Angriffe auf die Neckarlinie begann, für ein kühnes und schön gedachtes. Es gelang vollständig; der Feind war am Abgrunde des Verderbens. Trotzdem war der Erfolg für uns nur die moralische Erniedrigung und die Zersprengung des Feindes, sowie die Concentrirung unserer Kräfte im Innern des Landes, aber leider nicht die Vernichtung des Gegners. Der Rheinübergang, zu dem das ungünstigste und schlimmste Debouché gewählt werden mußte, war dem Feinde glücklich verheimlicht. Er war kühner und klüger gewesen, als wir es voraussetzten, und wenn er sich auch hatte irre führen lassen, so hatte er doch mit aller Macht, die er am Neckar besaß, Kehrt gemacht und sich auf unseren allerempfindlichsten Punkt, auf unsere Avantgarde, die zugleich unsere Rückzugslinie deckte, geworfen. Diese stand zwar unter dem General von Hannecken in schöner Stellung bei Waghäusel, wurde indessen mit solcher Übermacht angefallen, mit solchem Artilleriefeuer überschüttet, daß der General, in bester Ordnung zwar, in eine feste Stellung vor Philippsburg zurückging, doch dem Empörer die Straße von Mannheim auf Carlsruhe freigebend, vermittelst derer er sich zwischen unserer Avantgarde und unseren drei Divisionen hindurch mit seinen übrigen Kräften vereinigen konnte. Aber gerade zu rechter Zeit erhielt unsere Division den Befehl, die Avantgarde zu soulagiren. Wiesenthal wurde genommen und der Feind geworfen.

Mieroslawsky hat sich mit wunderbarer, höchst ausgezeichneter Geschicklichkeit der Schlinge entzogen. Sowie er bei Wiesenthal geschlagen war, erwog er vollständig die ganze Wichtigkeit dieses Ereignisses; trat sofort den Rückzug an und brachte es mit der energischsten Thätigkeit, der Anwendung aller Mittel dahin, daß er, freilich mit zerfetztem und zerrissenem Rocke, doch sein ganzes Material rettete und den besseren Theil seiner Armee über Sinsheim, wo ihn General von Peucker nochmals tastete, und Bretten Durlach erreichte, sich dort mit den Carlsruher und Pfälzischen Freischaren vereinigend. Sein erstes Aufgebot ist freilich aufgelöst und seine regulären Truppen haben sich meistens zerstreut; aber seine Artillerie hat gehalten und die Masse

verzweiflungsvollen Gesindels ist noch mit ihm zusammen und wird noch manchen harten Strauß erfordern.
aus: Friedrich Lautenschlager, Volksstaat, a. a. O.

Heidelberg, den 24. Juli 1849.

... Es wurde in der Nähe von zwei Stunden kanoniert und gepulvert, und ein paarmal kamen die Feinde bis vor die Stadt, daß wir sie auf dem Berg herumlaufen sahen. Sie schossen in unsere Gasse herein, über 2000 Schritt weit, und ein Soldat fiel tot um, nicht weit von mir, auf der Brücke. Hierauf fanden wir, die nichts da zu tun hatten, für gut, uns ein wenig zurückzuziehen. Die Preußen haben halt auch Scharfschützen. Ich verfügte mich auf mein Zimmer, aber da war es noch ärger. Die Hausleute flüchteten ihre Habe, weil das Haus am Wasser steht; es waren Kanonen dicht unter meinem Fenster aufgefahren, welche über den Neckar den Feind abhalten sollten, welcher, im Fall er ernsthaft angegriffen hätte, wahrscheinlich diese Kanonen samt dem Haus, vor welchem sie standen, auch ein wenig berücksichtigt haben würde. Die badischen Soldaten mußten indes die Stadt verlassen, weil im Rücken eine Schlacht verloren war, und am andern Morgen rückten die Preußen vor Sonnenaufgang ein.
aus: Gottfried Kellers Briefe und Tagebücher

Am 25. Juni hatte die provisorische Regierung Karlsruhe verlassen und sich ins Oberland zurückgezogen. Am nämlichen Tage trafen die Überreste der badischen Aufstandsarmee in fluchtähnlicher Retirade in Rastatt ein. »Wer kennt die Völker, kennt die Namen, die alle hier zusammenkamen?« Welch einen Anblick boten diese bunten traurigen Überreste! Menschen und Pferde lagen massenweise todmüde auf dem Straßenpflaster wirr durcheinander, der Soldat seinen Tornister, wenn solcher da war, als Kopfkissen benützend, der Dragoner neben seinem Pferde, das alle Viere hinausstreckte. Es war ein Jammerbild. Für die Nacht wurden die Freischaren in öffentlichen Gebäuden und in Privathäusern untergebracht. In den Lehrsälen und Gängen des Lyzeums wurden Legionäre auf Stroh gebettet, die als Andenken verschiedene Schmarotzertierchen in großer Anzahl zurückließen. Diese Leute glaubten sich nun hinter den Wällen und Mauern der Festung vor den bösen Preußen geborgen. Am andern Tage (26. Juni) rasselte lange der Generalmarsch durch die

Straßen und rief die zerstreuten Scharen zur Sammlung. Auf einer großen Wiesenfläche zwischen dem Kehler und Ottersdorfer Tore hielt Mieroslawski Heerschau über die Trümmer seiner Armee, die damals noch etwa auf 20000 Mann geschätzt wurde, die Weiber nicht gerechnet. Solche waren nämlich auch dabei. Was war das für eine Armee! Unsere badischen Soldaten sahen noch ziemlich respektabel aus, obwohl ihre Uniformen stark strapaziert waren. Aber die Freischaren! Schade, daß kein Maler dieselben, wenigstens an ihren Typen, der Nachwelt im Bilde überliefern konnte. Vor einer Legion, ich weiß nicht mehr vor welcher, ritt eine üppige Weibsperson, eine rote Feder auf dem Hecker-Hute, Brille auf der Nase, angetan mit einem Reitkleide aus schwarzem Samt, im roten Gürtel zwei Pistolen, an der Seite einen Schleppsäbel und – hinter ihr reitend ein badischer Dragoner als Ordonnanz!
aus: Albert Föderer, a. a. O.

Samstag, den 30. Juni.

Mittlerweile hatte das Gefecht bei Kuppenheim begonnen; an den Höhen von Oberndorf bemerkte man schon den bläulichen Dampf des Plänklerfeuers, mit welchem die vierte Division die dort befindlichen Freischärler gegen Kuppenheim hinab trieb. Bald vernahm man von da den Donner einer lebhaften Kanonade, untermengt mit Rotten- und Peletonfeuer; es war die erste und zweite Division von Bischweier und Muggensturm aus an die Murg vorgedrungen, hatte diese zum Theil überschritten und gegen die Verschanzung an der Murgbrücke so bedeutende Artilleriemassen operiren lassen, daß den 16 Geschützen der Aufständischen 22 preußische Geschütze gegenüber standen. Zugleich ward von der Gernsbacher Straße aus Kuppenheim beschossen und einige Häuser in Brand gesteckt worden. Da ergriffen die Aufständischen die Flucht, zum Theil auf der Straße nach Oos, zum Theil über die Schlößchen Favorite und Förch, von wo aus noch einige Abtheilungen, namentlich die Reiterei, über Haueneberstein entrannen, die übrigen auf Rastatt sich zurückzogen und die Nachricht der Niederlage dort verbreiteten. Noch gelang es von diesen gegen 3 Uhr Nachmittags einigen Abtheilungen auf die Straße nach Sandweier zu entrinnen; die andern wurden von den Preußen abgeschnitten und kehrten nach Rastatt zurück. Zu den erstern gehörte Sigel, der mit geringer Begleitung gegen 4 Uhr Rastatt verließ, nachdem er kurz zuvor die Brücke, welche bei Niederbühl über die Murg führt hatte anzünden lassen. Noch später kam Comlossy zum Gasthofe des badischen Hofes. Als dieser auf sein Befragen – er war während des Tages bei Steinmauern gewesen, wo die Preußen nur einen Scheinangriff gemacht hatten – die Flucht der Andern erfuhr, erschrak er sichtlich. In größter Eile rannte er, durch die großen Schwedenstiefel, den Schleppsäbel und die langen Sporen nicht wenig gehindert, die Poststraße hinab, und kurz darauf sahen wir ihn auf abgetriebenem Rosse zum Kehler Thore hinaussprengen. Auf welche Weise er sich in Sicherheit gebracht hat, ist mir unbekannt geblieben.

Es wurde mündlich die des folgenden Tages durch Anschlag veröffentlichte Bekanntmachung gegeben, daß »bis zur Wiederkehr des Volksheeres« Tiedemann zum Gouverneur der Festung ernannt sei.

aus: C.B.A. Fiekler, a.a.O.

Die Festung Rastatt ist von meinem Armeekorps umschlossen; zwei andere Armeekorps verfolgen die Freischaren, welche in Flucht und Auflösung sind. Hoffnung auf Entsatz ist nicht zu erwarten. Ich fordere die Besatzung auf, die Festung zu übergeben, und als Zeichen der Unterwerfung die diesseitigen Gefangenen sogleich in Freiheit zu setzen. Vierundzwanzig Stunden sind zur Bedenkzeit gegeben.

Korpsquartier Kuppenheim, den 2. Juli 1849.

(gez.) K. Gr. v. d. Gröben, Generalleutnant und kommand. General des 2. Korps der Rheinarmee.

Das Gouvernement der Reichsfestung Rastatt
an
den kommandierenden General des 2. Korps der Rheinarmee,
Grafen v. d. Gröben, Generalleutnant etc., im K. Q.
Kuppenheim.

In Erwiderung Ihres Geehrten vom heutigen Datum, die Übergabe der Festung Rastatt betreffend, habe ich die Ehre, Ihnen anzuzeigen, daß ich, den Befehlen meiner Regierung gehorsam, bedauere, Ihrem Ansinnen nicht entsprechen zu können; ich würde es für einen Akt der entwürdigendsten Feigheit halten, eine so wohlversehene Feste zu übergeben. Ich fordere Sie nur im Namen der Humanität auf, die mit weißen Fahnen versehenen Hospitäler zu achten, sowie die Gefangenen menschlich zu behandeln; ich erwarte dies um so mehr, als die gefangenen Preußen, Verwundete und Gesunde, mit derselben Sorgfalt, wie unsere Leute, behandelt werden.

Rastatt, 2. Juli 1849. Der Oberst und Gouverneur der Festung.

(gez.) G.N. Tiedemann.

Es war ein glücklicher Gedanke von Tiedemann, den eigenmächtigen Ausfall nach Rheinau zu unterstützen; er machte sich dadurch, wiewohl auf Kosten der Mannszucht, bei den Soldaten populär und seine Stellung ward nach demselben eine andere. Außer den Freischaren, die bereits in Rheinau waren, beorderte ich eine Kompanie des ersten und zwei Kompanien des zweiten Regiments nebst sechs Geschützen zu diesem Ausfall. Noch ehe die Verstärkung anlangte, hatten die Freischaren die Preußen aus Rheinau vertrieben, die mit Infanterie und zwei Geschützen tief in dieses Dorf eingedrungen waren; sie zogen sich bis hinter die verschanzte Mühlbachbrücke zurück, wo sie durch unsere Tirailleurs festgehalten wurden, die sich in eine Waldecke zwischen den Straßen nach Blittersdorf und Ottersdorf eingenistet hatten. Mit zwei Geschützen unter Hauptmann Backhof rückte Tiedemann bis an das Ende des Dorfes vor und es begann ein sehr lebhaftes Artilleriegefecht in naher Entfernung, so daß die Kartätschen mitsprechen konnten. Die Preußen verschossen sechzig Kugeln, dreizehn Kartätschen und sechs Schrapnellschüsse, und wir blieben ihnen nichts schuldig. Tiedemann hielt in der Nähe der beiden Geschütze und dachte gar nicht daran, eine Disposition zu treffen. Ich bat ihn, sich nicht unnütz der Gefahr auszusetzen und die Anordnungen für das Gefecht zu machen, allein er rührte sich nicht vom Fleck und bat mich, die Truppen zu placieren und das Gefecht zu leiten.

Der Feind wurde an allen Punkten so in Schach gehalten, daß Rheinau ohne alle Störung, einzelne Kartätschen- und Kanonenschüsse abgerechnet, ausgeräumt werden konnte. Dies geschah mit größtem Eifer und vielem Humor, besonders von den Dragonern und Offiziersburschen, die froh waren, Überfluß an Heu zu finden, welches in der Festung anfing sehr rar zu werden. Eine Menge vierspänniger Wagen wurde mit dem, was man fand, beladen. Besonders reich war die Beute an Wein. Während hier ein Wagen mit Verwundeten fuhr, die natürlich keine heiteren

Gesichter machen konnten, unter ihnen ein Schreiber vom Proviantamt, der als Amateur mit ausfiel und dem eine Kartätschenkugel den Arm über der Hand zerschmetterte, jagte dort ein anderer mit einer sehr lustigen, phantastisch aufgeputzten Ladung. Das Zentrum bildete ein großes Weinfaß, auf dem ein dicker Trompeter als Bacchus ritt; rechts und links daneben standen andere gleichuniformierte Götter in halbseligem Zustande und schwangen jubelnd die großen hölzernen Kannen.
Während Paßkugeln und Kartätschen in die Häuser schlugen, wurden diese sehr sorgfältig ausgeräumt. Die meisten Einwohner hatten ihre Wohnungen längst verlassen und sich größtenteils nach Rastatt geflüchtet. Einige kamen trotz aller Gefahr herbei, um ihren Hausrat zu retten, wobei ihnen die Soldaten behilflich waren. Was aber eßbar für Menschen und Tiere war, sollte an das Proviantamt abgeliefert und den Eigentümern bezahlt werden. Manche unbezahlte Gans mag sich indessen in einen Dragonermagen verflogen haben. Das Vieh war zwar schon am Tage vorher von den Preußen weggetrieben worden, allein einige Stücke fielen uns dessenungeachtet in die Hände.
Als das Gefecht in seinem ruhigen Fortgange war, ritt ich durch das Dorf, um zu verhindern, daß zu grobe Unordnungen vorkämen, welche wegen der Menge des aufgefundenen Weines besonders zu befürchten waren und auch nicht ganz ausblieben.
Als das Dorf ausgeräumt war, fing es an finster zu werden, und da eine Fortsetzung des Gefechts gar keinen Zweck hatte, so veranlaßte ich Tiedemann, den Rückzug in die Festung zu befehlen. Es war schwer, die Leute aus den Häusern zu entfernen; manche sollen auch wirklich betrunken in den Kellern liegen geblieben und später von den Preußen erstochen worden sein. Es war Nacht, als wir mit Musik und Trommelschlag in die Stadt kamen. Das hübsche und glückliche Gefecht hatte alle angenehm angeregt und es wurde an verschiedenen Orten noch bis spät in die Nacht gejubelt. Auch ich war sehr froh, daß dieser Tag ein so erfreuliches Ende genommen hatte, und schloß mich einer Gesellschaft im »Kreuz« an, wo einige Flaschen Champagner die Heiterkeit nicht verringerten.
aus: Otto von Corvin, a.a.O.

Samstag, 7. Juli.

Ich glaubte, noch im Halbschlafe, die Allarmkanonen zu hören; es störte mich nicht, denn wir waren dieser Tage über, auf dieses

»Viel Lärmen um Nichts« zur Genüge eingeübt worden. Jetzt aber hörte ich ganz deutlich das Pfeifen der Hohlgeschosse, das Klappern der Ziegel auf den Dächern der benachbarten Häuser, das Auffallen der Eisenstücke auf das Pflaster. In diesem Augenblicke klopfte die Hausfrau an der Thüre meiner Wohnung und fragte, was um Gottes Willen dies zu bedeuten habe. »Es ist wohl ein Bombardement«, sagte ich schlaftrunken und legte mich auf die andere Seite. Nach wenigen Minuten aber fiel eine Granate durch die Dachrinne des gegenüberliegenden Amthauses und platzte gerade vor der Thüre der evangelischen Kirche, eine andere fällt am Ende des Gebäudes in das Gartenhäuschen.
Wir waren indessen zu Hause des Lärmens gewohnter geworden; auf meinen Rath bereiteten sich die Frauen den Kaffee. Ich nahm meine Tasse in die Oberwelt hinauf und leistete den Gaißer'schen Eheleuten Gesellschaft, die in ihrer zu ebener Erde liegenden Küche noch ihren Hausrath packten. Um mit mehr Bequemlichkeit das Frühstück in meinem Lehnstuhle zu genießen, zog ich mich in mein Zimmer zurück. Kaum war ich dort angelangt, erschütterte ein heftiger Knall das Haus. Eine Granate war durch das kleine Fenster der Küche eingefallen, hatte sich etwa 2 Fuß tief in die Ziegelplatten des Bodens eingewühlt und war geplatzt. Dichter Rauch erfüllte den Hausflur, Wehklagen schallte aus demselben hervor; die Frau des Schreiners wankte mir entgegen, der zerschmetterte Arm hing ihr am Leibe herab. Ich übergab die Unglückliche den Frauen des Hauses, welche sie in den Keller geleiteten, wo bald eine Ohnmacht ihr das Bewußtsein der Schmerzen für einige Augenblicke nahm. Wie ich mich der Küche nähere, krabbelte unter Wehegeschrei ihr Mann auf Händen und Füßen heraus und schrie mir zu, ich möchte ihm die Stiefeln ziehen. Das war nun rein unmöglich. Ein Stück der Granate hatte ihm die Weichtheile des einen Fußes so zerschmettert, daß Muskeln, Beinkleider, Strümpfe, Sehnen und Lederwerk in blutiggrausem Gewirre vom Knochen herabhingen. Ich legte den Mann auf eine im Hausgange liegende Matraze und ging, einen Arzt zu suchen.

Sonntag, 8. Juli.

Schon den gestrigen Tag war durch die Glocke den Bürgern die Erlaubnis verkündet worden, in den bombenfesten Kasematten eine Zuflucht zu suchen. Als eine des Abends abgehaltene Versammlung von Bürgern, vorzüglich durch den Einfluß des Metzgers Comlossy, sich wieder getrennt hatte, ohne einen Beschluß zu Gunsten der Übergabe fassen zu können, als durch die Glocke das Aufstecken weißer Fahnen, auf die Spitäler angeordnet wurde, bedeckten sich die Straßen mit Wagen, welche die besten Habseligkeiten der Bürger in die Forts führten. Ihnen folgten Frauen mit den Kindern, mit einbrechender Nacht die Bürger selbst.

Beim Bastion angelangt, tappten wir durch die dunkeln Gänge in das für uns bestimmte Gewölbe. Von allen Seiten, oben, unten, rechts, links, tönte sonores Schnarchen. Der schwache Schimmer eines Zündhölzchens leitete uns zwischen den Lagerstellen hindurch zu den unsrigen. Die meinige war durch den hessischen Unteroffizier schon eingenommen; ich bedauerte, den armen Jungen vertreiben zu müssen. Mit manchen Entschuldigungen zog er sich in das obere Stockwerk zurück. Bald erlosch unser Licht; ich entschlummerte, in den Pelz eingehüllt, behaglich. Bald wecke mich Stöhnen und Ächzen am andern Ende unseres Gewölbes. Dort hatten durch eine spanische Wand die Frauen sich gesonderte Appartements bereitet, in denen jetzt Licht entzündete. Schatten und Gestalten schwebten hin und wieder; Tod und Leben reichte die Hand in diesen Räumen. In diesen Tagen wurde ein Knabe geboren und eine Frau starb, welche krank hierher geflüchtet war. Es wurde wieder stiller, die Lichter erlöschten, wieder nahte sich der Schlummer.

Heute bewegte sich wieder ein Leichenzug unter meinen Fenstern vorüber. Man begrub einen hannöver'schen Freischärler, der vor 8 Tagen von einer Kugel an den Kopf getroffen wurde. Er hatte sich nach seiner Verwundung nur flüchtigen Verband anlegen lassen. Vergeblich war das Zureden des Spitalarztes, daß er im Bett sich müsse pflegen lassen. »Auf dem Walle sei er nötiger als im Krankenzimmer; die Kugel sei hinter dem Ohr wieder hinausgefahren; durch einen so unbedeutenden Streifschuß lasse er sich nicht von seiner Pflicht abhalten.« Gestern früh aber kam er zum Spitale zurück. »Der Schmerz sei unausstehlich dabei friere es ihn unangenehm.« Nach einigen Stunden wüster Fieberphantasien lag er in der Bahre. Die Leichenöffnung zeigte, daß der Streifschuß ein ziemlich großes Stück Hirnschale zerschmettert und Splitter in die Masse gejagt hatte, welche dadurch in Eiterung überging und den Tod herbeiführte, welchem die Willensstärke so lange aufrecht ins Angesicht sah.

aus: C.B.A. Fickler, a.a.O.

Wir kamen über Allerheiligen am 1. Juli nach Oppenau, über den Hundskopf am 2. nach Wolfach. Hier erfuhren wir am 3. Juli, daß die Regierung in Freiburg sei und daß man daran denke, auch diese Stadt aufzugeben. Dies veranlaßte uns sogleich, dorthin aufzubrechen. Wir wollten die Herren Regenten und das Oberkommando, das Held Sigel jetzt führte, zwingen, Freiburg nicht ohne Kampf aufzugeben. Es war schon spät, als wir von Wolfach abmarschierten, und so kamen wir erst spät abends nach Waldkirch. Hier erfuhren wir, daß Freiburg schon aufgegeben und daß Regierung und Hauptquartier nach Donaueschingen verlegt sei. Zugleich erhielten wir den positiven Befehl, das Simonswalder Tal zu besetzen und zu verschanzen und in Furtwangen unser Hauptquartier aufzuschlagen. Wir mußten also zurück nach Bleibach.
Herr Sigel hatte seine Truppen jetzt hinter dem Bergrücken des Schwarzwaldes aufgestellt. Die Verteidigungslinie sollte von Lörrach über Todtnau und Furtwangen nach der württembergischen Grenze gehn, in der Richtung auf Schramberg. Den linken Flügel bildeten Mersy und Blenker, die sich durch das Rheintal auf Lörrach zogen; dann folgte Herr Doll, ehemaliger commis voyageur, der in seiner Eigenschaft als Heckerscher General zum Divisionär ernannt worden war und in der Gegend des Höllentals stand; dann unser Korps in Furtwangen und den Simonswalder Tal und endlich auf dem rechten Flügel Becker bei Sankt Georgen und Triberg. Hinter dem Gebirge stand Herr Sigel mit der Reserve bei Donaueschingen. Die Streitkräfte, durch Desertion bedeutend geschwächt, durch keine herangezogenen Aufgebote verstärkt, betrugen ungefähr 9000 Mann mit 40 Kanonen.
Am 4. kamen wir nach Furtwangen mit zwei Kompanien (160 Mann), der Rest war zur Besetzung des Simonswalder Tals und der Pässe von Gütenbach und St. Märgen verwandt. Über letztem Orte standen wir mit dem Dollschen Korps, über Schönwald mit Becker in Verbindung. Alle Pässe wurden verbarrikadiert. – Wir blieben den 5. in Furtwangen stehn. Am 6. kam die Nachricht von Becker, die Preußen rückten auf Villingen, nebst der Aufforderung, sie über Vöhrenbach anzugreifen, um Sigels Operation zu unterstützen. Zugleich zeigte er uns an, sein Hauptkorps stehe gehörig verschanzt in Triberg, wohin er selbst gehen werde, sobald Villingen von Sigel besetzt sei.

An einen Angriff von unsrer Seite konnte nicht gedacht werden. Mit weniger als 450 Mann hatten wir drei Quadratmeilen besetzt zu halten und konnten also keinen Mann entbehren.
Wir übernachteten in Riedböhringen und kamen am also nächsten Nachmittag, 7. Juli, in Stühlingen an. Am 8. hielt Herr Sigel Revue über seine halbauseinandergelaufene Armee, empfahl ihr, in Zukunft nicht mehr zu fahren, sondern zu marschieren (an der Grenze!), und zog ab. Uns hinterließ er eine halbe Batterie.
Zwischen den Kantonen Zürich und Schaffhausen liegt ein kleiner Strich badischen Gebiets mit den Ortschaften Jestetten und Lottstetten, der bis auf einen schmalen Zugang, bei Baltersweil, ganz von der Schweiz umschlossen ist. Hier sollte die letzte Position gefaßt werden. Die Höhen hinter Baltersweil zu beiden Seiten der Straße boten vortreffliche Stellungen für unsre Geschütze, und unsre Infanterie war noch zahlreich genug, sie zu decken, bis sie im Notfall das Schweizer Gebiet erreicht hätten. Hier, so wurde ausgemacht, sollten wir erwarten, ob die Preußen uns angreifen oder aushungern würden. Das Gros, dem Becker sich angeschlossen hatte, bezog hier ein Lager. Willich hatte die Position für die Geschütze ausgesucht (später fanden wir dort ihre Parks, wo ihre Gefechtstellung sein sollte). Wir selbst bildeten die Arrieregarde und zogen langsam dem Gros nach. Am 9. abends gingen wir nach Erzingen, am 10. nach Riedern. An diesem Tage wurde im Lager ein allgemeiner Kriegsrat gehalten. Willich allein sprach für die weitere Verteidigung, Sigel, Becker und andre für den Rückzug auf Schweizer Gebiet. Ein Schweizer Kommissär, ich glaube Oberst Kurz, war dagewesen und hatte erklärt, falls noch ein Kampf angenommen würde, werde die Schweiz kein Asyl geben. Bei der Abstimmung blieb Willich mit zwei oder drei Offizieren allein. Von unserm Korps war außer ihm niemand zugegen.
Noch während Willich im Lager war, erhielt die bei uns befindliche halbe Batterie Befehl zum Abmarsch und entfernte sich, ohne daß uns die geringste Anzeige gemacht wurde. Auch alle andern Truppen außer uns erhielten Befehl, ins Lager zu kommen. In der Nacht fuhr ich abermals mit Willich ins Hauptquartier nach Lottstetten; als wir bei Tagesanbruch zurückfuhren, begegneten wir auf der Straße der ganzen Gesellschaft, die aus dem Lager aufgebrochen war und sich in der wildesten Verwirrung der Grenze zuwälzte. An demselben Tage, am 11. frühmorgens, ging Herr Sigel mit seinen Leuten bei Rafz, Herr Becker mit den

seinigen bei Rheinau auf Schweizer Gebiet. Wir konzentrierten unser Korps, folgten ins Lager und von da nach Jestetten. Hier erhielten wir gegen Mittag durch einen Ordonnanzoffizier einen Brief Sigels von Eglisau, daß er sich bereits glücklich in der Schweiz befinde, daß die Offiziere ihre Säbel behielten und daß wir möglichst bald nachkommen sollten. Man dachte erst an uns, als man auf neutralem Boden war!

Wir marschierten durch Lottstetten bis an die Grenze, biwakierten die Nacht noch auf deutschem Boden, schossen am Morgen des 12. unsre Gewehre ab und betraten dann, die letzten der badisch-pfälzischen Armee, das Schweizer Gebiet. An demselben Tage, gleichzeitig mit uns, wurde auch Konstanz von dem dortigen Korps verlassen.

aus: Friedrich Engels, Die deutsche Reichsverfassungskampagne

In der Festung Rastatt eingeschlossen

In seinem Schreiben vom 13. Juli bezieht sich der [preußische] General auf einen Artikel im [Rastätter] »Festungsboten«, in welchem von dem herannahenden Entsatze, von der Lage der Preußen, der Übergabe der badischen Dragoner bei Freiburg usw. die Rede war, und schließt:

»Der kommandierende General dieses Armee-Korps ist bereit, Abgeordneten der Besatzung, sowie der Bürgerschaft von Rastatt, unter Begleitung zu gestatten, sich von der Wahrheit oder Unwahrheit jener Angaben und dieser Behauptung, in Karlsruhe, wo die zurückgekehrten Truppenteile bereits angekommen sind, sowie in Oos und Freiburg zu überzeugen, und dann wieder frei und ungehindert nach der Festung zurückzukehren, um von dem Erfahrenen und Gesehenen Bericht zu erstatten.

K. Q. Kuppenheim, am 13. Juli 1849. Der kommandierende General (gez.) Gr. v. d. Gröben.«

Es war schon ziemlich spät, als wir von Oos mit einem Extrazuge abfuhren. Spät in der Nacht kamen wir in Freiburg an, wo sich damals der Prinz von Preußen aufhielt. Wir wurden in mehreren Gasthöfen abgewiesen und mußten froh sein, daß wir endlich in einem Saal auf einer Streu ein Lager fanden. Was ich am Morgen in Freiburg hörte und in den Zeitungen las, gab mir so ziemlich die Ueberzeugung, daß Graf Gröben uns nicht getäuscht und daß

unsere Armee uns im Stich gelassen, ja bereits seit vierzehn Tagen die Schweizer Grenze überschritten habe! Und kein Mensch dachte daran, uns Nachricht zu geben, die wir auf den von Sigel versprochenen Entsatz hofften.
aus: Otto von Corvin, a.a.O.

Der Saal im Schloß, in welchem jener große Kriegsrat gehalten worden, war mir während der Belagerung immer zugänglich gewesen, und eines der großen, mit gelbem Seidendamast überzogenen Sofas, die den Hauptteil seiner Möblierung ausmachten, war mein gewöhnlicher Ruheplatz, wenn ich, von meiner Observation auf dem Schloßturm oder von meiner Runde durch die Festungswerke ermüdet, zurückkam.
Ich hatte mir dieses Sofa ausgewählt, weil ich von ihm einen besonders günstigen Blick auf ein Deckengemälde genoß, das für mich ein eigentümliches Interesse hatte. Es war eine allegorische Darstellung, in welcher wahrscheinlich irgend ein Zähringer, ein Vorfahr der badischen Fürstenfamilie, als Jupiter, oder Mars, oder Apollo figurierte. Der Gegenstand des Bildes zog mich daher nicht an. Aber ich fand darin eine weibliche Figur, irgend eine Göttin, deren Gesicht mich lebhaft an Betty erinnerte; und wenn ich von meinem Sofa hinaufschaute, so blickten mich Bettys Augen gütig an. Kein Wunder also, daß ich mich auf diesem Sofa gern ausstreckte und mich, unsere schlimme Lage zeitweilig vergessend, in wachen Träumen wiegte, bis mir die Augen im Schlaf zufielen.
So kam ich auch am zweiten Morgen nach Corvins Abreise, nachdem ich während der vorhergehenden Nacht die Runde gemacht, im grauen Dämmerlicht in den Saal und legte mich auf mein gelbdamastenes Sofa zu kurzer Ruhe. Ich hatte wohl nur wenig geschlafen, als ich von dem Geräusch schwerer Schritte, rasselnder Säbel und verworrener Stimmen geweckt wurde. Aus dem was ich sah und hörte, schloß ich, daß Corvin von seiner Sendung zurückgekehrt war, und daß der große Kriegsrat sich wieder versammelte. Der Gouverneur trat ein, gebot Ruhe und ersuchte Corvin, der an seiner Seite stand, vor der ganzen Versammlung seinen Bericht mündlich abzustatten.
Corvin erzählte also, er sei, von einem preußischen Offizier begleitet, bis an die Grenze der Schweiz gefahren und habe sich an Ort und Stelle überzeugt, daß es in Baden keine Revolutionsarmee, ja keinen Widerstand irgendwelcher Art gegen die preu-

ßischen Truppen mehr gäbe. Die Revolutionsarmee sei auf das schweizerische Gebiet übergetreten und habe natürlich an der Grenze ihre Waffen und ihre ganze kriegerische Ausrüstung abgeben müssen. Auch im übrigen Deutschland sei, wie er sich durch die Zeitungen unterrichtet habe, keine Spur von revolutionärer Bewegung mehr übrig. Überall Unterwerfung und Ruhe. Selbst die Ungarn seien durch die russische Intervention in große Bedrängnis geraten und würden bald unterliegen müssen. Kurz, die Besatzung von Rastatt sei gänzlich verlassen und könne von keiner Seite auf Entsatz hoffen. Und schließlich, setzte Corvin hinzu, sei ihm im preußischen Hauptquartier angekündigt worden, daß das preußische Oberkommando die Übergabe der Festung auf Gnade oder Ungnade verlange und sich auf keinerlei Bedingungen einlassen werde.
aus: Carl Schurz, a.a.O.

Rastatt, den 22. Juli 1849.

Dem großen Kriegsrate wurde soeben durch unsere nach Freiburg und Konstanz Abgeordneten die Lage der gegenwärtigen Verhältnisse klar dargestellt. Das Resultat der Beratung war: daß man unter den obwaltenden Umständen zwar willens sei, die Reichsfestung zur Verfügung des Reichs zu stellen, für welches man sie bis jetzt gehalten habe; daß man aber die zu unsern Gunsten sprechenden Tatsachen dazu benutzen müsse, über das Schicksal der Besatzung wenigstens klare Bestimmungen zu halten …

(L.S.) (gez.) G.N. Tiedemann, Oberst.

Preußen kämpft nicht für sich, sondern für Deutschlands Einheit, für seine wahre Freiheit. Zunächst in Baden für Se. Königliche Hoheit den Großherzog von Baden.
Wenn die Besatzung sich den vor Rastatt stehenden preußischen Truppen ergibt, so ergibt sie sich ihrem rechtmäßigen Landesherrn.
Die Übergabe erfolgt aber dann nur auf Gnade und Ungnade.
Auf besonders zu bewilligende Bedingungen kann nicht eingegangen werden. Ich werde mich jedoch dahin verwenden, daß der Besatzung all diejenigen Rücksichten zuteil werden, welche die Umstände gestatten.
Im Lager vor Kuppenheim, den 23. Juli 1849, um $3^1/_2$ Uhr. Der kommandierende General: (gez.) Gr. v. d. Gröben.

Am Niederbühler Tor fand ich den Generalstab; wir erwarteten noch das dritte Regiment und ich ritt einstweilen allein zum Tor hinaus. Zu meinem Erstaunen fand ich unmittelbar neben demselben die preußischen Truppen, welche nach Paragraph 6 der Kapitulation am Rande des fernen Waldes stehen und uns dort erwarten sollten. Die Sache an und für sich war nicht so wichtig, hätte aber sehr leicht zu Konflikten führen können, die man so wenig zu wünschen und dadurch so geflissentlich zu provozieren schien. Rechts von mir hielten Stabsoffiziere, ich rief ihnen zu: »Ihre Truppen stehen hier? Das ist gegen die Kapitulation!« Alsbald hörte ich aus dem Gliede rufen: »Was will der Kerl?« Ich wandte mein Pferd, um zu meinen Truppen zurückzukehren, als einer der Stabsoffiziere mir zurief: »Hier geblieben! Sie gehen nicht wieder in die Festung!« »Ich muß zu meinen Leuten und nach der Ordnung sehen,« antwortete ich und ritt im Schritt in die Festung. »Will der Hund nicht noch räsonnieren!« ertönte es wieder aus der Reihe der Soldaten. Mir kochte das Blut.
Ein lustiger Marsch schallte mir entgegen! Biedenfeld kam mit Musik und fliegenden Fahnen. Ich eilte ihm entgegen und bat ihn, die Musik schweigen zu lassen; allein er fragte ganz naiv: »Warum denn?« Kaum hatte er das gesagt, so traf auch ein, was ich befürchtet hatte. Ein junger preußischer Ingenieurhauptmann ritt an das Regiment heran und schrie wie besessen: »Wer hat befohlen, daß die Musik spielt?« Biedenkopf sagte: »Ich habe es befohlen.« Der Hauptmann fuhr ihn aber an und brüllte: »Herr, ins Dreideifelsnamen, halten Sie das Maul, Sie haben hier einen Dreck zu befehlen! Hier befehle ich!« Nach preußischer Armeetheologie gibt es nämlich auch eine Dreieinigkeit des Teufels. »Ich habe nur Befehle von General Gröben anzunehmen,« antwortete Biedenfeld. »Wollen Sie wohl Ihr Maul halten! Ich bin hier im Auftrage des Generals!« »Das ist etwas anderes.« Die Musik hatte vor den preußischen Dissonanzen schon von selbst geschwiegen. Das hatte nun Biedenfeld von seiner Taktlosigkeit! Er, ein alter Soldat, der die Brust voll Orden hatte, mußte sich das von einem jungen Menschen bieten lassen!
Ich ritt an der Spitze der Truppen zum Tor hinaus. Links am Wege stand ein Bataillon Landwehr; ebenso war das Glacis besetzt. Der Landwehr gegenüber stand eine Schwadron Husaren, und die vierte Seite des großen Vierecks ward wieder von Infanterie gebildet. Rechts vom Wege hielt General v. d. Gröben mit dem Stabe. Hinter demselben unter andern Offizieren stand

gleichsam inkognito der Prinz von Preußen. Tiedemann, der hinter uns herkam, ritt an uns vorbei grad auf Graf Gröben zu, dem er seinen Säbel übergeben wollte; dieser Rief den Armeeprofoß, denselben in Empfang zu nehmen. Wenn Tiedemann wirklich erbleichte, so geschah es wohl nur, weil er dies als eine Beleidigung empfand. Ich setzte mich derselben nicht aus und bog mit dem Stab gleich rechts ab, wo wir unweit der Husaren abstiegen und ohne Aufforderung unsere Säbel auf die Erde warfen.
aus: Otto von Corvin, a.a.O.

Ich kam spät am Abend noch in den Gasthof zur Post. Ein freundlicher, etwas schwer hörender Artillerieoffizier, Hauptmann Zänker, war dort einquartiert. Er entriß auf meine Bitten einen Gastwirth aus den Händen der Kanoniere, welche seine verworrenen Reden für Aufreizung gehalten hatten. »Laßt ihn nur gehen, Kinder; wenn er ein Bummler ist, kriegen wir ihn morgen schon«; – damit beruhigte er die Leute. Unser Gastwirth, der richtig mir der Serviette unter dem Arme die neuen Gäste freundlich bewillkommt hatte, folgte ahnend: Wenn sie Den arretieren, was werden sie mit mir anfangen?« Beide saßen richtig des andern Tags im Gefängnisse. Ein Kutscher aber, der vom Hauptmanne einen Auslaßschein begehrte, erfreute sich nicht so rücksichtsvoller Behandlung. Ich hatte mich nach dem

badischen Etappenkommandant in Oos, woher er sein wollte, erkundigt. »Ja«, hatte er gesagt, »der ist dem allgemeinen Manne noch nicht so republik geworden«.
»I du Racker«, fuhr der Hauptmann auf, »ich will dir die Republik austreiben!« und fing an, mit der Säbelscheide auf ihn einzudringen, bis meine Verdollmetschung der Kutscherrede seinen Grimm in lautes Lachen verwandelte.
Indessen sagte er, das Gespräch auf das Schicksal der Besatzung lenkend: »von den Burschen müssen eben so ein Zwanzig unter dem Wall zusammengeknallt werden; die andern lasse man laufen, daß die Juristen nicht darein fahren.«
Mit diesen Worten war das Loos der Führer der Besatzung und die nächste Zukunft enthüllt; – sie sind in Erfüllung gegangen.
aus: C.B.A. Fickler, a.a.O.

Gedanken eines preußischen Offiziers über den Sieg

Überraschend schön war es, als wir die Höhe zwischen Schopfheim und Wehr erreichten; nicht allein der Schwarzwald lag weit um uns und zu unseren Füßen, über die Schweizergrenze jenseits des Rheins ragten auch die scharfen Spitzen und Rücken der Alpen herüber; mit Jubel wurden die helleuchtendsten Firnen begrüßt. Von diesem Punkte aus stiegen wir am 13. in das fast das Wiesenthal an Schönheit noch übertreffende Wehrthal herab. Wir haben hier unser Quartier im Schlosse eines Baron von Schoenau. In unserem Wirth lernte ich hier den ersten Mann persönlich kennen, welcher, trotz Gefahr, trotz Verlusten seine bestimmte Front, die eines alten Edelmannes, treu und gerade zu jeder Zeit zur Schau trug.
Wir sind gut aufgehoben, unsere Leute dagegen schlecht. Der Schwarzwald ist sehr arm. Dabei fehlt es unseren Soldaten an Beschäftigung. Bei unserer Abgeschlossenheit von der übrigen Welt bekommen wir nur wenige Zeitungen und diese noch verspätet. Dafür sehen wir aus den Fenstern des sehr schön gelegenen Schlosses die Spitzen der Alpen. Die Frau von Schoenau, eine geborene Schweizerin, ist sehr liebenswürdig und fein gebildet; wir fühlen uns in bester Gesellschaft. – Unsere Vorposten stehen am Rhein und üben die strengste Grenzpolizei; sie schließen sich links an die des Generals von Bechtold, der die bunte Avantgarde des von Peucker'schen Corps commandirt, rechts an die der zweiten Division, welche Basel beobachtet. Uns gegenüber hal-

ten Schweizer Truppen die Wacht. Herüber und hinüber wird Niemand gelassen, der nicht die zuverlässigsten Pässe aufweisen kann. Ich hatte gestern noch am Rhein zu thun und ritt nach Säckingen. Reißend stürzt sich dort der noch jugendliche Strom durch die engen Ufer; Thalränder, sehr bewaldet, aber mehr einförmig gestaltet, lassen wenig Raum für die Thalebene.
So hätten wir denn nur den Feind verjagt; vernichtet haben wir ihn aber nicht! Er wird zu gelegener Zeit wiederkehren.
aus: Deutsche Rundschau 32, 1882

In Karlsruhe waren sämmtliche Journale, Flugschriften, Tagesblätter so wie jeder öffentliche Anschlag ohne spezielle Genehmigung des gegenwärtigen Kommandanten, Oberst v. Brandenstein untersagt; alle politischen Vereine, Klubs und Versammlungen aufgehoben und verboten. Ein gleiches Verfahren fand auch in Heidelberg statt. Die früher dort erschienenen roth-republikanischen Schriften, z.B. die Republik, die demokratische Republik und der Volksführer, hörten mit dem Einmarsch der Preußen auf; ihre Verleger und Redacteure waren meist geflohen, nachdem einige derselben arretirt worden waren. Mit der Entwaffnung ward fortgefahren. Hindernisse gab es hiebei durchaus nicht, im Gegentheil brachten die bisherigen Besitzer, besonders die Landbewohner, die Waffen mit großer Bereitwilligkeit und sichtbarer Freude. Der Karlsruher Bürgerwehr wurden dieselben belassen.
aus: Staroste, a.a.O.

Nach der Rückkehr des Großherzogs Leopold, der am 18. August mit seiner Familie wieder in Karlsruhe eingezogen war, wurden in allen Kirchen des Landes Dankgottesdienste abgehalten. Wie diese in einzelnen Gemeinden von der Bevölkerung aufgenommen wurden, zeigt ein Bericht des evangelischen Oberkirchenrats vom 14. Sept. 1849: »... In Grenzach war an dem Dankfest Se. Kgl. Hoheit des Großherzogs die Kirche von Bürgern sehr schlecht besucht und die Emporkirche fast nur von Soldaten besetzt; fünf Familien gingen sogar soweit, ihre Kinder von dem für die Schuljugend veranstalteten Festessen abzuhalten. Auch in Lörrach waren an diesem Feste nicht nur fast gar keine Mitglieder des Bürgerstandes in der Kirche, sondern es

geschah sogar, daß an demselben Tage auch Frauen und Jungfrauen aus einem gewissen politisch berüchtigten Stadtteil Trauerkleidung anlegten und sich darin öffentlich zeigten.
Am 27. September 1849 erstattete der Bridagier Hildebrand von der Brigade Lörrach 6 folgende »gehorsamste Meldung« an das Großh. Korpskommando:
»Gestern abend befanden sich mehrere Soldaten vom 28. preußischen Infanterie-Regiment, welche in Binzen einquartiert sind, dahier (Lörrach) in einem Bierhause, dieselben verweilten bis nach 9 Uhr und begaben sich sodann auf ihren Heimweg.
Vor dem Orte Tumringen gingen sie in das Gemeindewirtshaus, ließen sich dort Getränke vorsetzen und suchten mit zwei anwesenden Weibspersonen unzüchtigen Scherz zu treiben, worauf sich dieselben flüchteten. Die Soldaten beschuldigten den Wirt, als hätte er diesen Weibspersonen zur Flucht geholfen, suchten deshalb auf alle Weise Neckereien mit ihm anzufangen, und als er unter anderm bemerkte, daß noch eine Portion Käse und Brot zu bezahlen sei, schlug einer dieser Soldaten ein Schnapsglas und einen Käseteller entzwei, desgleichen das Licht vom Tische, worauf der Wirt so in die Angst geriet, daß er in das Dorf eilte, um Hilfe zu rufen. Als nun einige Bürger herbeikamen, um sich von dem Vorfall zu überzeugen, wurden sie von den Soldaten mißhandelt, worauf der Bürgermeister von dort die Sturmglocke läuten ließ, worauf sich viele Bürger versammelten, um dem Wirte Hilfe zu leisten, und als sie gegen das Wirtshaus kamen, ergriffen die Soldaten ungefähr 8–10 die Flucht. Ein noch zurückgebliebener wurde mißhandelt gefunden, und als Teilnehmer an diesem Exzesse von dem Bürgermeister verhaftet.
Die flüchtig gewordenen Soldaten kamen etwas nach 10 Uhr in Lörrach an und meldeten, daß sie in dem Orte Turmringen von vielen Bürgern auf der Straße angefallen und mißhandelt worden seien, und zwar durch Steinwürfe und andere Instrumente, ja es seien auch zwei Schüsse auf sie abgefeuert worden. Der hier liegende Herr Major und Kommandant Zährich, lies sogleich Generalmarsch schlagen, schickte an alle Truppenabteilungen der Umgegend schnell den Befehl, daß sie sich schnell nach Tumringen zu verfügen hätten, ich selbst verfügte mich sogleich mit einer Militärpatrouille nach dem Orte, wo dieses vorfiel, um die nähere Tatsache zu erforschen, wobei es mir mitgeteilt wurde, wie der Eingang dieser Meldung es ergibt.
Während ich noch mit der Aufnahme des Tatbestandes beschäf-

tigt war, erschien nun auch der vorgenannte Herr Major mit der dahier liegenden Kompagnie und es wurden sodann alle diejenigen Personen 14 an der Zahl, welche bei diesem Vorfall anwesend waren, verhaftet und auf die Hauptwache hierher verbracht.«
aus: Theodor Scholz, Revolutionäre ... Der Aufstand des Jahres 1849 und seine Folgen im Markgräflerland, Müllheim in Baden 1926

Zwei Lebensläufe

Fliegendes Platt
Den 9. August 1849 wurde Friedrich Neff von Kümmingen in aller Frühe zu Freiburg standrechtlich erschossen, weil er, wie Robert Blum, für die Freiheit des Volkes gelebt und gekämpft hatte. Eines Mannes würdig, der für eine hohe Idee gelebt, ging Neff muthig in den Tod, und als seine Mörder schon auf ihn anschlugen, rief er noch: »Es lebe die Freiheit, es lebe die soziale Republik!« und stürzte, von den Kugeln der Preußen getroffen, zusammen.

Neff begegnet auf seinem letzten Gange Mutter und Braut

Friedrich Neff wurde den 26. April 1821 in Rümmingen, Bezirk Lörrach von wohlhabenden Eltern geboren. Sein Vater, wie der von Robert Blum, war ein rechtschaffener Küfermeister, seine Mutter eine äußerst gemüthvolle, wackere Frau. Das Gemüth der Mutter, sowie die bürgerliche Tüchtigkeit, Offenheit und Ehrenhaftigkeit giengen in reichem Maße auf den Sohn über. Frühe schon zeigte er große Anlagen. Als er die Dorfschule zu Hause durchgemacht hatte, besuchte er von seinem eilften bis vierzehnten Altersjahre mit großem Erfolg die höhere Bürgerschule von Lörrach. Sein Vater wünschte nun sehr, daß er auch das Küferhandwerk bei ihm erlernen möchte. Unser Fritz gab dem Wunsche seines Vaters nach, und nach einer kurzen Lehrzeit wanderte er als junger Küfer in die Fremde. Einige Zeit hielt er sich in dieser Eigenschaft im Waadtlande, dann in Genf auf, wo er der französischen Sprache vollkommen mächtig wurde. Sein Beruf, den er nicht selber gewählt, der ihm zwar auch nicht aufgedrungen, aber den er in seiner kindlichen Liebe zu seinem Vater bloß deßhalb angenommen, um seinem Wunsche nicht entgegen zu sein, behagte ihm je länger, je weniger. Sein Geist strebte nach Höherem. Ein glücklicher Zufall führte ihn zu dem edlen Zschokke nach Aarau, bei dem er sich für seine künftigen Universitätstudien vorbereitete. Wir brauchen wohl nicht anzuführen, daß diese Vorbereitung eine würdige war; wer die vielfachen Verdienste Zschokkes um die Erziehung, Bildung und Veredelung des Menschengeschlechtes kennt, weiß wohl, daß unser gemüthvoller Neff keinen besseren Erzieher hätte finden können. Nach dieser Vorbereitung bezog er die Universität, um die Rechtswissenschaft und Philosophie zu studieren. Zuerst war er in Freiburg, dann in Tübingen, München und Heidelberg. Hierauf machte er eine Reise nach London. Das Wintersemester 1847/48 brachte er in Basel zu. Im Februar 1848 brach die französische Revolution aus, die eine so großartige, aber leider bis jetzt erfolglose Wirkung auf Deutschland ausübte. Neff schloß sich mit der größten Begeisterung, mit dem größten Muthe und der größten Ausdauer den Volksmännern an, und trotz der bittersten Erfahrungen, die er in seinem so redlichen und uneigennützigen Streben machte, konnte seine Begeisterung nicht erkalten, sein Muth nicht gelähmt und seine Beharrlichkeit in Verfolgung seines Zieles: Freiheit, Wohlstand und Bildung für Alle! nicht entkräftet werden. Am Herzen des Volkes aufgewachsen, kannte er dessen Bedürfnisse, sein Elend, seine Leiden;

er wollte helfen, bessern und für das Volk sein edelstes Blut verspritzen. Nur zu bald hat dies geschehen müssen! Neff hat alle Freischarenzüge ins Badische mitgemacht und war seit dem ersten flüchtig. Nach dem Mißlingen dieses Zuges wurde bekanntlich Struve in Säckingen gefangen genommen. Vorzüglich dem Muthe Neffs hatte er seine gewaltsame Befreiung zu verdanken. Beim zweiten Struve'schen Freischaarenzuge entkam er kaum dem badischen Militär und rettete sich auf Umwegen, über waldige Gebirgsgegenden in die Schweiz. Hier weilte er jedoch nicht lange, sondern begab sich nach Paris, wo er die Nachricht von dem dritten badischen Aufstande erhielt. Sogleich reiste er in seine Heimath und war hier für die Sache der Freiheit wieder äußerst thätig. Diese wurde jedoch durch fremde Bajonette unterdrückt. Als er Alles verloren sah, wollte sich Neff über den Rhein flüchten; in Breisach wurde er jedoch gefangen genommen, nach Freiburg gebracht und den 8. August zum Thode durch Pulver und Blei verurtheilt. Am 9. wurde dieß Bluturtheil in aller Frühe schon vollzogen. Seiner Mutter, der Mutter dieses einzigen Sohnes, einer Wittwe, die schon vor Jahren ihren Gatten verloren, wurde von den preußischen Kannibalen nicht einmal gestattet, Denjenigen, den ihr Schoß getragen, an dem sie mit so unaussprechlicher Liebe hing, vor seinem Märtyrertode noch einmal zu sehen. Man ließ die gute Frau in Freiburg vor der Kerkerthüre stehen und sagte ihr nicht einmal, ob und wann ihr Sohn erschossen werden sollte. Aber Gott ist gerecht!

Über dem Grabe Neffs auf dem Friedhofe seines Heimatdorfes Rümmingen steht eine gebrochene Säule. Die Grabschrift:

Wer so, wie Du, fürs Vaterland gestorben,
Der hat sich ew'gen Ruhm erworben!

mußte auf polizeiliche Anordnung ausgemeißelt werden.
Auch einen Revolutionsdichter hat das Markgräflerland hervorgebracht, aber seinen Namen meldet »kein Lied, kein Heldenbuch.« Er sei hier deshalb der Vergessenheit entrissen. Es war der im Jahre 1816 zu Rümmingen, dem Heimatorte Neffs geborene Ludwig Friedrich Schnaufer. Seine Eltern waren der Landwirt Ernst Friedrich Schnaufer und Katharina Barbara geb. Scherer. Außer Johann Friedrich war anscheinend noch eine Reihe weiterer Kinder vorhanden. Das Elternhaus soll im Anfang des 18. Jahrhunderts eine Wirtschaft gewesen sein, zu Lebzeiten des Johann Friedrich aber war es keine solche mehr. Am 3. Juni

1830 kam Ludwig Friedrich Schnaufer in das Handelshaus von Joh. Ulrich Heusler zu Basel in die Lehre. Dort soll er auch nach Abschluß der vierjährigen Lehrzeit noch einige Zeit als Kommis beschäftigt gewesen sein. Dann trieb es den jungen Menschen mit Gewalt, sein Wissen zu erweitern, und so finden wir ihn einige Jahre später in Freiburg i. Br. Dort studierte er, wie eine hinterlassene Aufzeichnung besagt, namentlich Philosophie, Staatswissenschaft und Literatur und arbeitete auch an der »Oberrheinischen Zeitung« mit, »immer wirksam für Freiheit und Volksaufklärung«. »Als im Jahre 1848, so besagen die Aufzeichnungen weiter, die Revolution ausbrach, nahm ich tätigen Anteil daran; aber nach dem Scheitern derselben mußte ich namhafte Nachstellungen und Gefängnisstrafen ausstehen und hatte mich nie mehr der Gunst der Mächtigen zu erfreuen«.
Mit der niedergeschlagenen Revolution scheinen auch seine Lebenskraft und sein Dichterschwung vernichtet worden zu sein. Wie bei fast allen Verurteilten des Jahres 1849 wurde auch er zum Ersatze des angerichteten Schadens verurteilt und sein Vermögen beschlagnahmt. Nach der Amnestie soll er still und zurückgezogen in seinem Elternhause gelebt haben als Sonderling, der nur äußerst selten unter Menschen ging. Infolge der Vermögensbeschlagnahme habe seine Mutter, die den Vater überlebte, das ganze Vermögen den übrigen Kindern zu Lebzeiten abgegeben mit der Bedingung, den Ludwig Friedrich zu verköstigen. Das elterliche Wohnhaus war ein Doppelwohnhaus, verbunden durch ein größeres Zimmer, das genau in der Mitte der beiden Giebel lag. In diesem Zimmer hauste Schnaufer, einen Tag bei der Partei zur linken, den andern bei der Partei zur rechten Hand seine Mahlzeiten einnehmend. Ging Schnaufer mal aus seinem Bau heraus, was vielleicht zwei- bis dreimal im Jahre geschehen sei, dann sei er ins Wirtshaus gekommen, habe dort solange gesessen und ein »Schöppli Wi« nach dem andern getrunken, bis man ihn habe nach Hause tragen müssen. Dann war er wieder für längere Zeit unsichtbar.
Der Einsiedler wurde fast 74 Jahre alt; er starb am 7. Januar 1890 zu Rümmingen.
aus: Theodor Scholz, Revolutionäre …, a. a. O.

Badisches Wiegenlied

Schlaf, mein Kind, schlaf leis,
Dort draußen geht der Preuß!
Deinen Vater hat er umgebracht,
Deine Mutter hat er arm gemacht,
Und wer nicht schläft in stiller Ruh,
Dem drückt der Preuß die Augen zu.
Schlaf, mein Kind, schlaf leis,
Dort draußen geht der Preuß!

Schlaf, mein Kind, schlaf leis,
Dort draußen geht der Preuß!
Der Preuß hat eine blut'ge Hand,
Die streckt er übers badische Land,
Wir alle müssen stille sein,
Als wie dein Vater unterm Stein.
Schlaf, mein Kind, schlaf leis,
Dort draußen geht der Preuß!

Schlaf, mein Kind, schlaf leis,
Dort draußen geht der Preuß!
Gott aber weiß, wie lang er geht,
Bis daß die Freiheit aufersteht,
Und wo dein Vater liegt, mein Schatz,
Da hat noch mancher Preuße Platz!
Schrei, mein Kindlein, schrei's,
Dort draußen liegt der Preuß!

Der Massenflucht der politisch Kompromittierten folgte eine ungemein starke Auswanderung nach Nordamerika, teilweise auch nach Südamerika. Etwa 80000 Menschen sollen damals ausgewandert sein und die nachher angestellte Volkszählung bestätigte dies. Wie sich nachher in Nordamerika zeigte, befanden sich unter diesen Ausgewanderten gerade die tüchtigsten, resp. politisch am meisten vorgeschrittenen Elemente des badischen Volkes. Wären diese Elemente im Lande geblieben, so wäre das badische Bürgertum sicherlich nicht in dem Maße, wie es nachher der Fall war, dem schwächlichen Nationalliberalismus in die Hände gefallen.
aus: Wilhelm Blos, Badische Revolutionsgeschichten, Mannheim 1910

Eine schwerere Niederlage als die, welche die Revolutionspartei – oder besser die Revolutionsparteien – auf dem Kontinent an allen Punkten der Kampflinie erlitten, ist kaum vorstellbar. Doch was will das besagen? Umfaßte nicht das Ringen des britischen Bürgertums um die soziale und politische Vorherrschaft achtundvierzig, das des französischen Bürgertums vierzig Jahre beispielloser Kämpfe? Und waren sie ihrem Triumph nicht gerade dann am nächsten, als die wiederhergestellte Monarchie sich fester im Sattel wähnte denn je? Die Zeiten jenes Aberglaubens, der Revolutionen auf die Bösartigkeit einer Handvoll Agitatoren zurückführt, sind längst vorüber. Alle Welt weiß heutzutage, daß jeder revolutionären Erschütterung ein gesellschaftliches Bedürfnis zugrunde liegen muß, dessen Befriedigung durch überlebte Einrichtungen verhindert wird. Das Bedürfnis mag noch nicht so dringend, so allgemein empfunden werden, um einen unmittelbaren Erfolg zu sichern; aber jeder Versuch einer gewaltsamen Unterdrückung wird es nur immer stärker hervortreten lassen, bis es seine Fesseln zerbricht. Sind wir also einmal geschlagen, so haben wir nichts anderes zu tun, als wieder von vorn anzufangen.
aus: Friedrich Engels, Revolution und Konterrevolution in Deutschland